AF273732

En familia.
El arte de ser persona

PALABRA

© Ricardo Piñero Moral, 2024
© Ediciones Palabra, S.A., 2024
   Paseo de la Castellana, 210 – 28046 MADRID (España)
   Telf.: (34) 91 350 77 20 – (34) 91 350 77 39
   www.palabra.es
   palabra@palabra.es

Diseño de portada: Equipo editorial
ISBN: 978-84-1368-383-6
Depósito Legal: M. 15954-2024
Impresión: Gohegraf, S.L.
Printed in Spain – Impreso en España

Cualquier forma de reproducción, distribución,
comunicación pública o transformación de esta obra solo puede ser realizada con la
autorización de sus titulares, salvo excepción prevista por la ley.
Diríjase a CEDRO (Centro Español de Derechos Reprográficos) si necesita
fotocopiar o escanear algún fragmento de esta obra
(www.cedro.org; 91 702 19 70 / 93 272 04 45).

RICARDO PIÑERO MORAL

En familia.
El arte de ser persona

dBolsillo

A María Luisa Villamañán
y a José Antonio Navas,
porque engendraron el amor de mi vida,
que me trajo a Guille.

A mi ahijada Vera
y a sus abuelos Luche y Viti,
que también son, un poco, mis padres,
porque en cada uno de ellos resplandece
lo auténtico.

A todos los que son mi familia,
lleven el apellido que lleven.

– ÍNDICE –

UN DIAGNÓSTICO SOBRE NUESTRA REALIDAD

Vivir en familia es el modo humano de ser persona, de llegar a la plenitud de lo que somos, es decir, de aprender a amar, de acoger el amor de otro, de darnos a otros en el amor. Amar es un arte, y en tanto que arte, es un saber hacer. Amar no es una palabra, sino una acción, el acto de un individuo que solo puede ser quien es si está en relación con otro. En cierto sentido, la familia es el espacio primero del amor, es el lugar en el que venimos al mundo, es el tiempo en el que nuestra vida logra ser una vida humana. La familia es también un saber hacer, un saber criar, un saber cuidar, un saber amar...

En la *Declaración Universal de los Derechos Humanos,* la «familia» es caracterizada como algo «natural, universal, fundamental»... Tener una familia es un derecho que todo ser humano posee de manera inalienable, porque como se afirma en la Declaración: «La familia es el elemento natural y fundamental de la sociedad y tiene derecho a la protección de la sociedad y del Estado» (art. 16. 3). A primera vista, desde una perspectiva estética, estos conceptos parecen altisonantes, mayúsculos, propios de un lenguaje filosófico de un pasado remoto, aquel en el que el hombre soñaba con encontrar el sentido definido de las cosas, del mundo, de sí mismo y hasta de Dios. Esos tiempos en los que el pensar quería ser claro, distinto, contundente, explícito, poco a poco fueron desapareciendo y dieron lugar a otros –en virtud de una cantidad de factores en los que ahora mismo no podemos ni mencionar– en los que las hambrientas estructuras de la razón fueron fagocitando los grandes metarrelatos. El resultado fue que terminó por instaurarse la tiranía de un pensamiento débil, incompleto, parcial, escuálido... *Natural*, *universal*, *fundamental*... suena casi como un mantra balsámico, como uno de esos ensalmos con los que los médicos pitagóricos sanaban a sus enfermos. Estas tres categorías, conjuntamente, pueden aplicarse a no demasiadas cosas que expliquen la naturaleza humana. Pero sí encajan perfectamente cuando pensamos en dos de ellas: la familia, en tanto institución humana; y el arte, en cuanto tipo de acción peculiar, muy peculiar, específica del ser humano.

Podremos decir que el alcance de los documentos emanados de la *Naciones Unidas* es limitado, pero no deja de ser importante el papel que juega esta organización internacional para mover las conciencias. Entre el 10 de diciembre de 1948, fecha en la que se publica la Resolución 273 A (III), más conocida como la *Declaración Universal de los Derechos Humanos*, que consta de 30 artículos, y el 22 de octubre de 1983, en la que la Santa Sede presenta, por medio del Pontificio Consejo para la Familia, la *Carta de los derechos de la familia,* han acontecido muchas cosas en la historia de la humanidad. Tal vez sean pocos los que se dicen cristianos y conozcan este segundo documento que responde a un voto formulado por el Sínodo de los obispos reunido en Roma en 1980 y que Juan Pablo II aprobó en la Exhortación Apostólica *Familiaris consortio* (n. 46) encomendando que se preparara una Carta destinada a ser presentada a organismos internacionales y autoridades.

Esta *Carta* no es una exposición de teología dogmática o moral sobre el matrimonio y la familia; tampoco es un mero código de conducta exclusivamente dirigido a «católicos»; ni siquiera es una declaración sobre los principios teóricos de la familia...

Tiene más bien la finalidad de presentar a todos nuestros contemporáneos, cristianos o no, una formulación –lo más completa y ordenada posible– de los derechos fundamentales inherentes a esta sociedad natural y universal que es la familia.

Los derechos enunciados en la Carta están impresos en la conciencia del ser humano y en los valores comunes de toda la humanidad. La visión cristiana está presente en esta Carta como luz de la revelación divina que esclarece la realidad natural de la familia. Esos derechos derivan, en definitiva, de la ley inscrita por el Creador en el corazón de todo ser humano. La sociedad está llamada a defender esos derechos contra toda violación, a respetarlos y a promoverlos en la integridad de su contenido.

A lo largo de sus doce artículos se pretende mostrar y definir con claridad, de manera ordenada y sistemática, las cuestiones fundamentales sobre la familia teniendo muy en cuenta la situación actual. En ella podemos encontrarnos con toda una reflexión sobre la persona, el matrimonio, la familia, los derechos y los valores que configuran el modo de vida más adecuado para los seres humanos.

La situación era complicada en 1983 cuando se hace pública la *Carta de los derechos de la familia* y lo sigue siendo hoy, cuando nos atrevemos a seguir pensando y defendiendo la familia como eje central de la vida. Varias son las notas que podrían caracterizar nuestra percepción del mundo contemporáneo. Muchas de esas notas tienen que ver con el *desconcierto*, la *incomprensión*, el *agotamiento*, la *desmembración*, la *secularización*... y se reflejan tanto en el arte como en la familia, pues ambos son una imagen nítida de lo que en la actualidad sucede. A pesar de lo dicho, no podemos caer en la tentación de un pesimismo comodón que renuncia a la esperanza. Lo que sí parece oportuno es combatir el desánimo y emprender un camino que quiera dar luz ante realidades tan relevantes para la vida humana, para la vida buena como lo son el arte y la familia. Ese sendero comienza si nos paramos a pensar, con cierto detenimiento, con firmeza, y procuramos afrontar esta reflexión sin abdicar de una ambición de verdad, pues una de las grandes tareas que tenemos pendientes es la de hacer posible un horizonte claro en el que se puedan conjugar amablemente la libertad y la vida buena, la naturaleza de las cosas y el ser de las personas. Vayamos por partes, de este modo, mostraremos un mapa de nuestros tiempos que sea comprensible, veraz y que nos sirva para profundizar en nuestro conocimiento acerca de este tesoro que es la familia.

Al hablar de *desconcierto* con respecto a la institución familiar, viene a nuestra mente la preocupante situación que, hasta desde un punto de vista estrictamente legal, estamos viviendo en nuestras sociedades, especialmente las occidentales, en las que asistimos a una vorágine de confusión de conceptos e indefiniciones que han ido tomando cuerpo en los códigos de derecho civil de diversos países de nuestro entorno. Una configuración normativa en la que se entremezclan comportamientos y deseos que son, en ocasiones, antinaturales, particularistas y que no fundamentan nada en absoluto. Cuando una norma se inspira en un deseo, en un comportamiento veleidoso y no en un valor, corre siempre el riesgo de satisfacer no una necesidad de la sociedad a la que debe servir como parte del ordenamiento jurídico, sino simplemente se convierte en el triunfo *legal* de una ideología particular, sectaria y, muchas veces, alejada de una auténtica visión de la naturaleza humana. La familia ha evolucionado mucho, pero eso no supone que haya evolucionado «para bien».

Paralelamente, el desconcierto es algo que acompaña a la recepción de las manifestaciones artísticas de, al menos, los últimos ciento cincuenta años. Los cambios formales que los espectadores han contemplado en las artes plásticas de la última centuria han sido tan radicales que los individuos han dejado de ver en el arte un referente de sentido con el que poder apreciar, entender y disfrutar de la realidad en la que viven. Cuántas veces los artistas han generado unos códigos expresivos tan individuales que sus contemporáneos se han sentido fuera de la esfera de comprensión del arte que podían contemplar en ese momento. En efecto, en muchas ocasiones el arte ha buscado innovar, variar los contenidos y los modos de expresión, ha perseguido nuevas vías de comunicación tan alejadas de sus espectadores que, entre unos y otros, artistas y público, se ha abierto un abismo solo franqueado por la necesidad de explicación de la propia obra por parte de supuestos expertos. La crítica de arte ha pasado a cumplir un papel esencial, ya que solo a través de ella un individuo podía acceder al contenido de obras cuya apariencia era sencillamente desconcertante, aunque tal vez podríamos decir que las únicas personas perplejas frente al arte hoy son los artistas, porque para muchas personas las artes están tan alejadas de su realidad que ni siquiera entran en su día a día.

El fantasma de la *incomprensión* aparece en algunos de los ámbitos de nuestra sociedad. Especialmente cuando pensamos en el tema de la familia, resulta evidente que a algunas personas les resulta imposible concebir cómo nuevas formas de convivencia pueden ser equiparadas a otras. Pongamos, en paralelo con el mundo de la biología, un ejemplo bien sencillo: el mero hecho de que en un cuerpo se produzcan anomalías morfológicas que no son signos sino del desarrollo de una determinada patología (v. gr. el crecimiento desordenado de un grupo de células que degeneran en la formación de un tumor), esto no quiere decir que esa presencia orgánica sea deseable, ni mucho menos buena o saludable. Pero cómo no se va a producir el hecho de la incomprensión, si renunciamos a comprender la verdadera naturaleza de las cosas; cómo no vamos a perder de vista la auténtica naturaleza del ser humano, si solo nos preocupa salvar las apariencias o satisfacer nuestros propios deseos. La consecuencia de ese desinterés por descubrir y mostrar la verdad no puede ser otra que vivir en la mentira y el engaño. No podemos decir que un sapo es lo que no es, y todo el mundo estaría de acuerdo en que una grulla no es un sapo; pues de la misma manera, no podemos decir que una familia es lo que no es, porque nadie entendería lo que, de verdad, es una familia.

En el arte, el fantasma de la incomprensión tiene su origen en el puro subjetivismo. Cuando el artista solo se busca a sí mismo, cuando solo se quiere manifestar a sí mismo, cuando su único objetivo es él mismo, resulta imposible establecer un mínimo canal a través del cual poder comprender al otro, poder entender aquello que el otro pretende comunicar. La historia de las artes tiene un buen número de ejemplos en los que el lazo entre el artista, su obra y el espectador se ha visto no simplemente roto o cortocircuitado, sino sencillamente demolido. No podemos esperar que siempre entre esos elementos la comunicación sea directa y fluida. No es infrecuente que un artista tenga dificultades para concretar eso que quiere expresar; del mismo modo, el espectador puede permanecer atónito ante una obra y no captar el sentido de la misma. Arte-obra de arte-espectador son una tríada que necesita estar en contacto, incluso físico. Si el ser humano es algo importante, si es realmente tan valioso, es porque siempre es un ser en relación, siempre está en relación con otro. Ese estar en relación es lo más parecido posible a salir de sí, es lo más similar a reconocer que el otro es esencial, lo que nos pone en vías no solo de querer decir, escuchar y ser escuchado, sino sobre todo nos permite ver en los demás a ese otro que completa lo que yo mismo soy.

El *agotamiento* se hace presente en nuestras vidas muy a menudo. En nuestro tiempo se han experimentado profundos cambios ideológicos y demográficos, y algunos intelectuales hablan de la familia como un ser agotado, incluso muerto. La velocidad a la que vivimos nos hace estar de acá para allá, sin parar, y muchas veces sin ni siquiera habernos planteado objetivos firmes, claros, hermosos. El agotamiento, el cansancio nos hace bajar la guardia, nos hace bajar la mirada al suelo, como esos *catobleplas* que aparecen en los bestiarios medievales cuya cabeza es tan pesada que son incapaces de enfocar sus ojos al cielo, y se pasan toda su vida mirando al suelo. Vivir cansados hace que perdamos perspectiva, que nos volvamos acríticos, que aceptemos por pura inercia determinados hechos que son especialmente dañinos para nosotros no solo como individuos llenos de hastío, sino para nuestra especie. Es incómodo ir contracorriente, es duro ser la nota discordante, es agotador tener que dar siempre batalla; pero si por dejadez o comodidad no decimos «esto que usted dice no es una familia», «este tipo de unión es contra-natura», «tal o cual deseo no es un derecho», estamos cometiendo un error grave, una falta con respecto a nuestro propio *ser*, estamos cayendo en la tentación de la tibieza, nos estamos convirtiendo en vegetales y no en seres racionales dotados de voluntad, inteligencia y libertad.

¿Tiene sentido hablar de agotamiento en el arte? Desde luego. Cuando contemplamos la historia del arte con perspectiva, el cambio y la sucesión de los estilos nos parece algo muy dinámico, sin fisuras, algo que sucede hasta de manera necesaria. Podemos preguntarnos: ¿qué va a venir después de la oscuridad del románico, sino la luminosidad del gótico?, ¿qué va a suceder a los paradigmas de la simetría, de la proporción, de la regularidad, sino unos modelos que estén llenos de diferencias, asimetrías, desproporciones, estridencias…? Pero lo cierto es que todas esas variaciones, en el fondo, no son más que hitos que revelan el agotamiento de una manera concreta de decir, expresar, comunicar. No son solo una historia evolutiva y progresiva desde el punto de vista de la técnica, sino sobre todo una llamada de atención sobre el final de un estilo de vida. Hace más de cien años, al fauvismo le parecía que la capacidad expresiva de la paleta tradicional estaba exhausta; hace más de cien años, el futurismo apelaba a un arte dinámico porque lo que contemplaba en su entorno era algo acabado, muerto, inane; hace más de cien años, el surrealismo afirmaba que la fuente de la exterioridad se había secado y que lo que de verdad movía al sujeto era el mundo interior, solapado por estratos y estratos de vida inconsciente, que el sujeto reprimía de manera involuntaria... Y estos son tan solo unos de los ejemplos que podríamos citar.

El panorama que sociopolítica y culturalmente contemplamos ya no es ni unívoco ni unitario. Paradójicamente, la globalización lo que nos ha regalado no es una única visión de conjunto, sino más bien una visión de la multiforme diversidad que reviste nuestro planeta. Uno de los aspectos más valiosos del arte y que sostiene su vigencia consiste justamente en que aún en la actualidad continúa siendo una gran alternativa a esa homogeneización sensible global de la experiencia. Antes bien, el arte se nos presenta como un escenario en el que es posible afirmar con más fuerza que nunca la diferencia y la singularidad. En nuestras sociedades contemporáneas caemos, a menudo, en la mala costumbre de estructurar el modo de sentir del individuo, y si se le da estructurado su modo de *sentir*, es mucho más fácil dominar su modo de pensar. A pesar de la relevancia y la dimensión planetaria de las telecomunicaciones, de los organismos internacionales, de las alianzas geoestratégicas, nuestro mundo es un mundo desmembrado. La *desmembración* no es consecuencia de la diferencia legítima entre diversas culturas, regímenes políticos, modos de convivencia, ni siquiera de credos. La desmembración se debe a que el ser humano se ha olvidado de sí, se ha olvidado de su entorno y se ha olvidado de Dios. La familia hoy más que nunca está quebrada, no por rupturas de parejas que se desenamoran, no porque se cometen miles y miles de delitos violentos (del género que sean…), porque no se reciban las ayudas necesarias por parte de las instituciones que deberían velar por su desarrollo y sostenimiento, no porque la crisis económica haya acabado con los empleos de millones de personas... No, no es por eso. La familia está resquebrajada o porque nos hemos olvidado de su naturaleza o porque hemos renunciado a defenderla. Y en eso cada uno de nosotros debería asumir su responsabilidad y ponerse a actuar en consecuencia.

En una sociedad resquebrajada, cómo no va a surgir un arte desmembrado. Cuando el activismo vienés realizaba sus *performances* hace unos cuantos años, aquellos que hacían una lectura superficial de los acontecimientos equiparaban su gusto por el escándalo a un grito generado en un laboratorio, es decir, no le concedían más importancia que la de un ensayo meramente experimental. Sin embargo, cuando la vida se quiebra (y se quiebra cuando no se respeta el cuerpo, cuando se banaliza, cuando se instrumentaliza, cuando se toma como campo para experimentar con la propia curiosidad... el *body art* y la plastinación nos traerían imágenes que llegarían a dañar una sensibilidad delicada...), cuando la idea misma de la vida se quiebra, se resquebraja la visión de la propia naturaleza del ser humano, que se desnaturaliza y se convierte no en el fin de la vida buena, sino en el medio para pegarse la buena vida.

Cuando se deja de dar importancia a la vida, no solo llega cercana la muerte, sino que la existencia se trivializa. Nuestro mayor activo se convierte en un absoluto pasivo. La secularización hoy lo impregna todo. Aún más, de la secularización hemos pasado al laicismo más combativo contra todo aquello que desprenda el más mínimo aroma a lo sacro. Parece como si a la humanidad se le escapara, como el agua entre los dedos de las manos, el sentido de lo sagrado. No hablo ahora de una determinada religión ni de un determinado credo. Probablemente en el ADN del arte está el ser una vía de acceso a lo sagrado, y en las cavernas, ningún artista rupestre había oído hablar ni de un tal Yahveh apodado «el terrible justiciero», ni de un joven y hermoso Buda, ni de un tal Jesús de Nazaret que curaba enfermos y expulsaba demonios, ni de Alá. Pero el ser humano tenía a flor de piel la conciencia de que él no era (no podía ser) su propio creador, que él no era ni la criatura más veloz, ni la más fuerte, ni la más poderosa... No deja de ser irónico que tras miles de años seamos más cavernícolas que los que habitaban las cavernas. Pero hemos de recuperar la ilusión y la esperanza, porque el arte sigue vivo en los artistas, a pesar de los muchos vaivenes de la historia, y no ha perdido ni un ápice de su potencialidad para ayudar al ser humano a ser quien es, para hacer de la vida humana una obra maestra.

ACOGER UN DON,
ASUMIR UNA MISIÓN:
ARTE PARA CAMBIAR EL MUNDO

Muchas «cosas» tienen el poder de cambiar nuestro entorno, pero pocas transforman tanto la realidad como el arte. Tal vez esto se deba a que el arte no es un mero ejercicio exterior de una habilidad humana, sino la expresión de un don, la realización efectiva de una capacidad cuyo fin último no es solo expresar algo, sino construir una experiencia que modifique nuestra relación con el mundo. No es, ni mucho menos, algo exagerado señalar que durante los últimos tiempos se han dedicado muchos estudios y muchos recursos para generar investigaciones que den razón sobre la personalidad y el talento de los artistas y para esclarecer las misteriosas fuentes de su creatividad.

Con el ánimo de querer recuperar al arte y a los artistas para esta tarea trascendental que acabamos de señalar, que consiste en ayudar al ser humano a ser quien es y hacer de su vida una obra valiosa, a finales del siglo XX y comienzos del XXI, dos de los más lúcidos intelectuales, y subrayo este término «intelectuales» de los últimos tiempos, uno en 1999 y el otro en 2009, se dirigían con urgencia a los creadores plásticos de nuestro tiempo. Me estoy refiriendo al papa Juan Pablo II, un santo que era sabio, y al papa Benedicto XVI, un sabio que terminará siendo declarado santo... Uno y otro, siendo tan distintos, comparten el hecho de una profunda formación filosófica y una gran capacidad de análisis en profundidad de nuestro mundo contemporáneo. Y, más allá de planteamientos ideológicos, lo que han pretendido es poner su inteligencia al servicio de la humanidad. Podría llamar la atención que dos papas urjan a los artistas a liderar apasionadamente el desarrollo cultural de nuestra sociedad, pero eso responde a que ambos atribuyen al arte una capacidad formativa y de una influencia extraordinarias, y a los artistas, un papel esencial en la sociedad, porque en su magisterio son conscientes de que el arte ofrece a nuestra mirada, a nuestra contemplación cotidiana, una Belleza que, muy lejos de ser solo inherente a los objetos del mundo natural, habita sobre todo en el espíritu, en el espíritu del artista, en el espíritu del espectador y en las entrañas de la realidad misma.

En la *Carta a los artistas* que Juan Pablo II escribe en 1999 —la fecha es ya bien significativa, podríamos hablar de un momento especial *fin de siècle*, del final de una época y el comienzo de otra, de un pasar página para emprender un nuevo sendero en los modos de convivencia...— está presente una llamada de atención a aquellos que con apasionada entrega buscan las nuevas epifanías de la belleza para ofrecerlas al mundo, porque en ocasiones, y muy especialmente en nuestros tiempos, la relación entre arte y belleza puede ser, cuando menos, conflictiva. El ser humano necesita recuperar el gusto y la experiencia de lo bello. El dolor, el sufrimiento, la miseria están presentes en la vida del hombre, un hombre que padece la soledad, la injusticia, la esclavitud, el desarraigo; un hombre que, en muchos casos, no solo ha perdido la relación con su propia familia, sino el calor de la humanidad como familia global que le es natural y universal.

El artista ha sido agraciado con un don, y por eso puede intentar restañar estas heridas, porque no es un individuo cualquiera, es, en palabras de este que fue catedrático de Ética en su amada Polonia, *imagen de Dios creador*. No se trata de separar al artista genial de la sociedad y de los demás hombres —retornando a un paradigma estético propio del romanticismo— haciéndole parecer un ser único. Se trata más bien de recordar que su especial vocación no termina en sí mismo, sino que posee una responsabilidad pública, social. Ser artista es una vocación, es una llamada que proviene del corazón mismo de Dios, de su inteligencia, de su mano poderosa... En efecto,

no todos [los hombres] están llamados a ser artistas en el sentido específico de la palabra. Sin embargo, según la expresión del Génesis, a cada hombre se le confía la tarea de ser artífice de la propia vida; en cierto modo, debe hacer de ella una obra de arte, una obra maestra.

Es importante entender la distinción, pero también la conexión, entre estas dos facetas de la actividad humana. La distinción es evidente. En efecto, una cosa es la disposición por la cual el ser humano es autor de sus propios actos y responsable de su valor moral, y otra la disposición por la cual es artista y sabe actuar *según las exigencias del arte*, acogiendo con fidelidad sus dictámenes específicos. Por eso el artista es capaz de producir *objetos*, pero esto, de por sí, nada dice aún de sus disposiciones morales. En efecto, en este caso, no se trata de realizarse uno mismo, de formar la propia personalidad, sino solamente de poner en acto las capacidades operativas, dando forma estética a las ideas concebidas en la mente.

Pero si la distinción es fundamental, no lo es menos la conexión entre estas dos disposiciones, la moral y la artística. Estas se condicionan profundamente de modo recíproco. En efecto, al modelar una obra el artista se expresa a sí mismo hasta el punto de que su producción es un reflejo singular de su mismo ser, de *lo que* él es y de *cómo* es. Esto se confirma en la historia de la humanidad, pues el artista, cuando realiza una obra maestra, no solo *da vida a su obra*, sino que por medio de ella, en cierto modo, *descubre también su propia personalidad*. En el arte encuentra una dimensión nueva y un canal extraordinario de expresión para su crecimiento espiritual. Por medio de las obras realizadas, el artista *habla y se comunica con los otros*. La historia del arte, por ello, no es solo historia de las obras, sino también de los hombres. Las obras de arte hablan de sus autores, introducen en el conocimiento de su intimidad y revelan la original contribución que ofrecen a la historia de la cultura (2).

Cuando los artistas pintan la familia, están haciendo mucho más que una mera foto fija de una situación dada. Tal vez están abriendo la posibilidad de contemplar, analizar y reflexionar sobre la condición humana. La ética y la estética no son algo que debamos separar a la hora de presentar una imagen de la familia, de la misma manera que al hablar de belleza artística lo que aparece en el horizonte son otros conceptos, como «verdad» o «bien», cuya importancia es capital a la hora de examinar la condición humana. El verdadero artista es un ser talentoso; la verdadera familia es una expresión visible de la naturaleza del hombre.

Arte y familia son, de suyo, acontecimientos comunitarios, son expresión de un modo de vida natural y garantizan el crecimiento de la persona y el desarrollo de la sociedad. El arte no solo enriquece el patrimonio cultural de una nación o de un grupo, antes bien presta un servicio social cualificado. De la misma manera, la familia no solo contribuye a aumentar cuantitativamente el número de individuos, sino que los forma, los conforma, los educa para que sean ciudadanos libres, inteligentes, generosos, serviciales y comprometidos con el bien común. Si, además, arte y familia acogen una dimensión espiritual, estarán ofreciendo una visión más completa de la persona.

Si tenemos en cuenta la visión del arte y del artista que Juan Pablo II presenta en su carta, podremos descubrir que la Iglesia católica abandera el compromiso de defender la naturaleza humana, una naturaleza que no es mera materialidad, sino fruto de una obra amorosa de un Dios que crea y que nos crea a su imagen y semejanza por Amor. De ahí que la belleza sea caracterizada como una auténtica vocación de servicio que el artista ha de desempeñar:

La diferente vocación de cada artista, a la vez que determina el *ámbito de su servicio*, indica las tareas que debe asumir, el duro *trabajo* al que debe someterse y la *responsabilidad* que debe afrontar. Un artista consciente de todo ello sabe también que ha de trabajar sin dejarse llevar por la búsqueda de la gloria banal o la avidez de una fácil popularidad, y menos aún por la ambición de posibles ganancias personales. Existe, pues, una ética, o más bien una «espiritualidad» del servicio artístico que de un modo propio contribuye a la vida y al renacimiento de un pueblo (4).

Pensar el arte y la familia en este marco conceptual que la *Carta* propone es ahondar en una vía de acceso más profunda del hombre y del mundo. La fe no puede apartarse de este ámbito, puesto que prescindir de la misteriosa realidad de un encuentro personal con Dios nos llevaría a no comprender una de las dimensiones clave de la persona. Además,

el artista busca siempre el sentido recóndito de las cosas y su ansia es conseguir expresar el mundo de lo inefable. ¿Cómo ignorar, pues, la gran inspiración que le puede venir de esa especie de patria del alma que es la religión?

¿No es acaso en el ámbito religioso donde se plantean las más importantes preguntas personales y se buscan las respuestas existenciales definitivas?

De hecho, los temas religiosos son de los más tratados por los artistas de todas las épocas. La Iglesia ha recurrido a su capacidad creativa para interpretar el mensaje evangélico y su aplicación concreta en la vida de la comunidad cristiana. Esta colaboración ha dado lugar a un mutuo enriquecimiento espiritual. En definitiva, ha salido beneficiada la comprensión del hombre, de su imagen auténtica, de su verdad. Se ha puesto de relieve también una peculiar relación entre el arte y la revelación cristiana. Esto no quiere decir que el genio humano no haya sido incentivado también por otros contextos religiosos. Baste recordar el arte antiguo, especialmente griego y romano, o el todavía floreciente de las antiquísimas civilizaciones del Oriente. Sin embargo, sigue siendo verdad que el cristianismo, en virtud del dogma central de la Encarnación del Verbo de Dios, ofrece al artista un horizonte particularmente rico de motivos de inspiración. ¡Cómo se empobrecería el arte si se abandonara el filón inagotable del Evangelio! (13).

Decir «Evangelio» es tanto como decir la verdad sobre el ser humano. Decir «Evangelio» es tanto como decir el anuncio de la buena nueva para una humanidad caída, empobrecida y empequeñecida, necesitada de perdón y confianza, ávida de recuperar la fe. La fe es un don asombroso, el arte tiende a provocar asombro y la familia es el escenario natural en el que se recibe este don. No lo olvidemos: es en la familia donde el ser humano recibe sus primeras luces sobre su propio rumbo y su destino; es en familia donde aprendemos a conocer y a querer, a soñar y a amar. No deja de ser llamativo el hecho de que en los últimos siglos parte de la sociedad haya dado la espalda a la fe, se haya mostrado indiferente. En esos mismos tiempos la familia se ha ido desvirtuando, es decir, ha ido perdiendo parte de su fuerza. El resultado ha sido una sociedad avocada a la angustia, a la desesperanza, al vacío, como de manera tan plástica podemos contemplar en las obras de arte. Tal vez por eso sea tan importante que el arte pueda volver a traer la Buena Nueva, una Belleza que salve, una nueva epifanía de la Belleza para nuestro tiempo. También este era el anhelo que a mediados de la década de los 60 inspiraba al papa Pablo VI, cuando en un discurso brillante se dirigía curiosamente también a los artistas reunidos en la Capilla Sixtina el 7 de mayo de 1964.

En el mismo escenario, La Sixtina, cuarenta y cinco años después, el 21 de noviembre de 2009, tuvo lugar el *Encuentro de Benedicto XVI con los artistas:*

> Deseo expresar y renovar la amistad de la Iglesia con el mundo del arte, una amistad consolidada en el tiempo, puesto que el cristianismo, desde sus orígenes, ha comprendido bien el valor de las artes y ha utilizado sabiamente sus multiformes lenguajes para comunicar su mensaje inmutable de salvación. Es preciso promover y sostener continuamente esta amistad, para que sea auténtica y fecunda, adecuada a los tiempos y tenga en cuenta las situaciones y los cambios sociales y culturales (1).

El arte no puede dejar de ser un sismógrafo sensible de la vida, de la sociedad, de la realidad humana, y resulta imprescindible no solo para el análisis de situación, sino para la búsqueda de solución a los problemas de nuestro mundo, porque no solo registra los movimientos que acontecen, sino que se atreve a aventurar algunas respuestas:

Lamentablemente, el momento actual no solo está marcado por fenómenos negativos a nivel social y económico, sino también por una esperanza cada vez más débil, por cierta desconfianza en las relaciones humanas, de manera que aumentan los signos de resignación, de agresividad y de desesperación. Además, el mundo en que vivimos corre el riesgo de cambiar su rostro a causa de la acción no siempre sensata del hombre, que, en lugar de cultivar su belleza, explota sin conciencia los recursos del planeta en beneficio de pocos y a menudo daña sus maravillas naturales. ¿Qué puede volver a dar entusiasmo y confianza, qué puede alentar al espíritu humano a encontrar de nuevo el camino, a levantar la mirada hacia el horizonte, a soñar con una vida digna de su vocación, sino la belleza? Vosotros, queridos artistas, sabéis bien que la experiencia de la belleza, de la belleza auténtica, no efímera ni superficial, no es algo accesorio o secundario en la búsqueda del sentido y de la felicidad, porque esa experiencia no aleja de la realidad, sino, al contrario, lleva a una confrontación abierta con la vida diaria, para liberarla de la oscuridad y transfigurarla, a fin de hacerla luminosa y bella.

Una función esencial de la verdadera belleza, que ya puso de relieve Platón, consiste en dar al hombre una saludable «sacudida», que lo hace salir de sí mismo, lo arranca de la resignación, del acomodamiento del día a día e incluso lo hace sufrir, como un dardo que lo hiere, pero precisamente de este modo lo «despierta» y le vuelve a abrir los ojos del corazón y de la mente, dándole alas e impulsándolo hacia lo alto. La expresión de Dostoievski que voy a citar es sin duda atrevida y paradójica, pero invita a reflexionar: «La humanidad puede vivir —dice— sin la ciencia, puede vivir sin pan, pero nunca podría vivir sin la belleza, porque ya no habría motivo para estar en el mundo. Todo el secreto está aquí, toda la historia está aquí». En la misma línea dice el pintor Georges Braque: «El arte está hecho para turbar, mientras que la ciencia tranquiliza». La belleza impresiona, pero precisamente así recuerda al hombre su destino último, lo pone de nuevo en marcha, lo llena de nueva esperanza, le da la valentía para vivir a fondo el don único de la existencia. La búsqueda de la belleza de la que hablo, evidentemente, no consiste en una fuga hacia lo irracional o en el mero estetismo.

Con demasiada frecuencia, sin embargo, la belleza que se promociona es ilusoria y falaz, superficial y deslumbrante hasta el aturdimiento y, en lugar de hacer que los hombres salgan de sí mismos y se abran a horizontes de verdadera libertad atrayéndolos hacia lo alto, los encierra en sí mismos y los hace todavía más esclavos, privados de esperanza y de alegría. Se trata de una belleza seductora pero hipócrita, que vuelve a despertar el afán, la voluntad de poder, de poseer, de dominar al otro, y que se transforma, muy pronto, en lo contrario, asumiendo los rostros de la obscenidad, de la transgresión o de la provocación como fin en sí misma. La belleza auténtica, en cambio, abre el corazón humano a la nostalgia, al deseo profundo de conocer, de amar, de ir hacia el Otro, hacia el más allá. Si aceptamos que la belleza nos toque íntimamente, nos hiera, nos abra los ojos, redescubrimos la alegría de la visión, de la capacidad de captar el sentido profundo de nuestra existencia, el Misterio del que formamos parte y que nos puede dar la plenitud, la felicidad, la pasión del compromiso diario (5-7).

Problemas económicos, agresividad, resignación mal entendida, desencuentros sociales, desconfianza en las relaciones humanas... Los padecimientos del espíritu humano no pueden ser ajenos al arte, porque la belleza puede ayudar a devolver la confianza, el entusiasmo, puede alentarnos e inspirarnos nuevas fuerzas. Las dolencias del ser humano no pueden ser ajenas a la familia porque, si la belleza puede salvarnos, solo lo puede porque es signo de amor; y la familia es el espacio del amor, es el espacio en el que somos amados y aprendemos a amar. Belleza y Amor, arte y familia, don y misterio en el que la vida humana merece la pena ser vivida, porque es valiosa, tiene un valor incalculable (que le ha costado a Cristo su propia sangre...). Ante nosotros se abre un horizonte: *via pulchritudinis atque via amoris*. No hay otro camino para la felicidad, para la vida buena, para la existencia auténticamente humana. Y, no lo olvidemos, esa vida valiosa para el individuo es siempre en familia, porque los valores de la familia son los valores de la vida humana. Quizá deberíamos dejar de pensar en «artistas de marca» y conseguir que nuestra sociedad recuperara artistas auténticos, auténticos artistas.

ENCUENTROS DE FAMILIA: EL PODER DEL AMOR

Ahora nos parece ya algo normal que el sucesor de Pedro se reúna periódicamente con un buen número de familias en un ambiente hogareño, en un ámbito de pura intimidad, aunque el número de asistentes supere los miles y miles de personas… Nuestros dos intelectuales modélicos tienen en su haber otro hecho que, sin duda, podemos calificar de hito clave en la historia de la Iglesia. A san Juan Pablo II le debemos que inaugurara estos *Encuentros* y a Benedicto XVI, que los consolidara. El 9 de octubre de 1994 en la homilía de clausura de ese Primer Encuentro Mundial de las familias, el Papa Wojtyla nos decía:

La liturgia de este domingo en la primera lectura, tomada del libro del *Génesis*, expone la verdad sobre la creación. En particular, recuerda *la verdad sobre la creación del hombre «a imagen y semejanza de Dios»* (*Gn* 1, 27). Como varón o mujer, el hombre ha sido creado a imagen y semejanza de Dios mismo: «varón y mujer los creó» (*Gn* 1, 27). En ellos tiene comienzo la comunión de las personas humanas. El hombre-varón «abandona a su padre y a su madre y se une a su mujer, y se hacen una sola carne» (*Gn* 2, 24). En esta unión transmiten la vida a nuevos seres humanos: llegan a ser padres. *Participan de la potencia creadora del mismo Dios.* Hoy, todos los que, mediante su maternidad o su paternidad, se asocian al misterio de la creación, profesan a «Dios, Padre todopoderoso, creador...». *Profesan a Dios como Padre*, porque a él deben su maternidad o paternidad humana. Y, profesando su fe, se confían a este Dios, «de quien toma nombre toda familia en el cielo y en la tierra» (*Ef* 3, 15), por la gran tarea que les corresponde personalmente como padres: la labor de educar a los hijos. «Ser padre, ser madre», significa «comprometerse en educar». Y educar quiere decir también «generar»: generar en el sentido espiritual (1).

Sus palabras hoy nos recuerdan que nada ha cambiado, que hay «cosas» que no pueden cambiar porque provienen de la mano amorosa del Dios vivo, de ese Dios que nos ha creado a su imagen y semejanza, y que la clave está en mantenernos en una constante acción de gracias por el ser que hemos recibido, un ser en el amor, un ser que se hace fecundo porque está incardinado en el amor de Cristo y por eso subraya:

Queridos hermanos y hermanas, hoy *damos gracias* de manera particular *por este amor que Cristo nos ha mostrado:* el amor que «ha sido derramado en nuestros corazones por el Espíritu Santo que se nos ha dado» (*Rm* 5, 5); el amor que os ha sido dado en el sacramento del matrimonio y que desde entonces no ha cesado de alimentar vuestra relación, impulsándoos a la donación recíproca. Con el pasar de los años, este amor también ha alcanzado a vuestros hijos, que os deben el don de la vida. ¡Cuánta alegría suscita en nosotros el *amor que*, según el evangelio de hoy, *Jesús manifestaba a los niños:* «Dejad que los niños vengan a mí, no se lo impidáis, porque de los que son como ellos es el reino de Dios» (*Mc* 10, 14).

Hoy pedimos a Cristo que todos los padres y educadores del mundo participen *de este amor con el que él abraza a los niños y jóvenes*. Él mira sus corazones con el amor y la solicitud de un padre y, al mismo tiempo, de una madre (3).

La familia, padre-madre-hijos-hijas... es la obra de arte más valiosa creada por un Dios que todo lo puede, que todo lo ama. La familia es ejemplo gráfico de gratitud, de alegría, de donación, de fecundidad. Esta *comunidad fundamental*, como la califica el Papa Juan Pablo, es posible gracias a la fuerza de la fidelidad, gracias al sustento de la lealtad, por eso refleja en su vitalidad la fortaleza y el vigor del Espíritu Santo, Espíritu de Amor, de amor noble y puro, de amor que da vida, de amor bello. La familia no es una promesa de felicidad, como suele decir de la belleza, sino la forma concreta, personal, humana que toma el amor para nacer, crecer y multiplicarse por todo el universo.

Quizá vivir en familia es un misterio que trasciende una visión plana de la realidad. Hoy en día tendemos a rechazar aquello que trasciende... Nos las tenemos más cómodamente con lo inmanente, con lo manejable, con aquello que podemos manipular y componer a nuestra voluntad. Sin embargo, la familia brota de la voluntad de Dios mismo: la creación del ser humano es también un misterio y la radicalidad de su vida no lo es menos.

Casi una década después, en Manila, en el IV Encuentro Mundial, el 25 de enero de 2003, Juan Pablo II en su discurso afirmaba que las familias son la visibilidad de la gracia, la misericordia y la paz de Dios. La familia cristiana se convertía en sí misma en «buena noticia» en palabra evangélica porque, como institución humana de inspiración divina, es capaz de reflejar la luz del mensaje de Dios, y animaba diciendo:

> Queridas familias cristianas: ¡anunciad con alegría al mundo entero el *maravilloso tesoro* que, como iglesias domésticas, lleváis con vosotros! Esposos cristianos, en vuestra comunión de vida y amor, en vuestra entrega recíproca y en la acogida generosa de los hijos, *¡sed en Cristo luz del mundo!* El Señor os pide que seáis cada día como la lámpara que no se oculta, sino que es puesta «sobre el candelero para que alumbre a todos los que están en la casa» (*Mt* 5, 15) (2).

La familia es un tesoro maravilloso custodiado por los esposos que, en comunión de vida, se entregan sin reservas. En estos momentos en el que tantas personas ponen por encima de todo su propia seguridad, su propio bienestar, su propio modo de vida, sus propios intereses... En estos momentos en los que lo habitual es asegurar *mi* futuro, *mi* trabajo, *mi* estatus, *mi*... son momentos en los que conviene recordar que en la familia los posesivos personales desaparecen, no tienen sentido porque se vive de entrega recíproca y no de parasitismo egoísta.

Reconocer que la familia es una vocación profunda no es un descubrimiento de nuestros días, pero sí es un reto exigente que merece la pena afrontar:

Sed ante todo «*buena noticia* para el tercer milenio» viviendo con empeño vuestra vocación. El matrimonio que habéis celebrado un día, más o menos lejano, *es vuestro modo específico de ser discípulos de Jesús*, de contribuir a la edificación del Reino de Dios, de caminar hacia la santidad a la que todo cristiano está llamado. Los esposos cristianos, como afirma el Concilio Vaticano II, cumpliendo su deber conyugal y familiar, «se acercan cada vez más a su propia perfección y a su santificación mutua» (*Gaudium et spes*, 48).

Acoged plenamente, sin reservas, el amor que primero os da Dios en el sacramento del matrimonio y con el que os hace capaces de amar (cfr. *1 Jn* 4, 19). Permaneced siempre aferrados a esta certeza, la única que puede dar sentido, fuerza y alegría a vuestra vida: *el amor de Cristo no se apartará nunca de vosotros*, su alianza de paz con vosotros no disminuirá (cfr. *Is* 54, 10). Los dones y la llamada de Dios son irrevocables (cfr. *Rm* 11, 29). Él ha grabado vuestro nombre en las palmas de sus manos (cfr. *Is* 49, 16) (3).

Nuestro modo de ser en el mundo, en tanto que personas que se aman y que desean ser discípulos de Jesús de Nazaret, es ser miembros de una familia, es formar familias, es pegarnos, sin reservas, a ese amor que hemos recibido que no es un mero elemento intelectual, sino una experiencia total que abarca toda nuestra existencia. La familia, como el arte, es un don de Dios que hemos de acoger sin restricciones; y, además, es una llamada, una vocación a mejorar, una invitación a cambiar con fuerza y alegría el curso de las cosas.

La familia es mucho más que un mero acontecimiento antropológico, es una forma de vivir la gracia, una gracia peculiar que reciben quienes se sienten llamados al matrimonio:

La gracia que habéis recibido en el matrimonio y que permanece en el tiempo proviene del corazón traspasado del Redentor, que se ha inmolado en el altar de la Cruz por la Iglesia, su esposa, venciendo la muerte para la salvación de todos.

Por tanto, esta gracia lleva consigo la peculiaridad de su origen: *es la gracia del amor que se ofrece*, del amor que se consagra y perdona; del amor altruista que olvida el propio dolor; del amor fiel hasta la muerte; del amor fecundo de vida. Es la gracia del amor benévolo, que todo cree, todo soporta, todo espera, todo tolera, que no tiene fin y sin el cual todo lo demás no es nada (cfr. *1 Co* 13, 7-8).

Ciertamente, esto no siempre es fácil, y en la vida cotidiana no faltan las insidias, las tensiones, el sufrimiento y también el cansancio. Pero *no estáis solos en vuestro camino*. Con vosotros actúa y está siempre presente Jesús, como lo estuvo en Caná de Galilea, en un momento de dificultad para aquellos nuevos esposos. En efecto, el Concilio recuerda también que el Salvador sale al encuentro de los esposos cristianos y permanece con ellos para que, del mismo modo que Él amó a la Iglesia y se entregó por ella, también ellos puedan amarse fielmente el uno al otro, para siempre, con mutua entrega (cfr. *Gaudium et spes*, 48) (4).

Es todo un espectáculo que el Creador ponga en nuestras manos tanta confianza, tanto poder, tanto amor, tal vez por eso debamos pedir constantemente que nos aumente la fe, la esperanza, la caridad… Hemos de corresponder, hemos de ser agradecidos, hemos de ser testigos convencidos y coherentes y defender con serenidad y constancia la verdad sobre la familia porque:

La familia fundada en el matrimonio es patrimonio de la humanidad, es un bien grande y sumamente apreciable, necesario para la vida, el desarrollo y el futuro de los pueblos. Según el plan de la creación establecido desde el principio (cfr. *Mt* 19, 4.8), es el ámbito en el que la persona humana, hecha a imagen y semejanza de Dios (cfr. *Gn* 1, 26), es concebida, nace, crece y se desarrolla. La familia, como educadora por excelencia de personas (cfr. *Familiaris consortio*, 19-27), es indispensable para una verdadera «ecología humana» (*Centesimus annus*, 39) (5).

El magisterio de Benedicto XVI comienza el 19 de abril de 2005. A partir de esa fecha, el Prof. Joseph Aloisius Ratzinger se convierte en el Papa número 265 de la Iglesia católica. Al año siguiente, el viaje apostólico que realiza a Valencia tiene entre sus objetivos el de celebrar el V Encuentro Mundial de la familia. El 8 de julio de 2006 en la Ciudad de las Artes y las Ciencias pronuncia un discurso en el que sintetiza las líneas maestras de su pensamiento sobre la familia. No debemos perder de vista que es, sobre todo, un encuentro de oración y de reflexión, un encuentro celebrativo que revela su gran alegría ante el don divino de la familia.

Lo primero que el Papa alemán hace es recordar que la familia no es un «lugar» sin más, sino un espacio vital único en el que el ser humano, por un lado, redescubre que ha sido creado a imagen y semejanza de Dios por amor para amar y, por otro lado, que la mayor enseñanza que aprendemos en la familia es a dar y recibir amor:

Unidos por la misma fe en Cristo, nos hemos congregado aquí, desde tantas partes del mundo, como una comunidad que agradece y da testimonio con júbilo de que el ser humano fue creado a imagen y semejanza de Dios para amar y que solo se realiza plenamente a sí mismo cuando hace entrega sincera de sí a los demás. La familia es el ámbito privilegiado donde cada persona aprende a dar y recibir amor. Por eso la Iglesia manifiesta constantemente su solicitud pastoral por este espacio fundamental para la persona humana. Así lo enseña en su Magisterio: «Dios, que es amor y creó al hombre por amor, lo ha llamado a amar. Creando al hombre y a la mujer, los ha llamado en el matrimonio a una íntima comunión de vida y amor entre ellos, "de manera que ya no son dos, sino una sola carne" (*Mt* 19, 6)» (*Compendio del Catecismo de la Iglesia Católica*, 337).

La condición de posibilidad de ese don está en la entrega, en una entrega sincera, total y, especialmente, en el reconocimiento de nuestra filiación divina. Aclara esta idea apoyándose en el pensamiento de su predecesor.

Esta es la verdad que la Iglesia proclama sin cesar al mundo. Mi querido predecesor Juan Pablo II decía que «el hombre se ha convertido en "imagen y semejanza" de Dios, no solo a través de la propia humanidad, sino también a través de la comunión de las personas que el varón y la mujer forman desde el principio. Se convierten en imagen de Dios, no tanto en el momento de la soledad, cuanto en el momento de la comunión» (*Catequesis*, 14 de noviembre de 1979).

Benedicto era un Papa bueno, fiel, leal y de una inteligencia poco común. A propósito de este tema de la familia, desde su primera reflexión en público, mantuvo siempre una finura intelectual y una sensibilidad espiritual que se percibe en su modo de aclarar el lugar que la institución familiar ocupa en la sociedad y la importancia que en ella tiene. Precisa qué la sostiene y desvela cómo en ella se puede ver toda una escuela de amor verdadero y hermoso.

La familia es una institución intermedia entre el individuo y la sociedad, y nada la puede suplir totalmente. Ella misma se apoya sobre todo en una profunda relación interpersonal entre el esposo y la esposa, sostenida por el afecto y comprensión mutua. Para ello recibe la abundante ayuda de Dios en el sacramento del matrimonio, que comporta verdadera vocación a la santidad. Ojalá que los hijos contemplen más los momentos de armonía y afecto de los padres, que no los de discordia o distanciamiento, pues el amor entre el padre y la madre ofrece a los hijos una gran seguridad y les enseña la belleza del amor fiel y duradero.

Todo esto le lleva a recalcar que:

la familia es un bien necesario para los pueblos, un fundamento indispensable para la sociedad y un gran tesoro de los esposos durante toda su vida. Es un bien insustituible para los hijos, que han de ser fruto del amor, de la donación total y generosa de los padres. Proclamar la verdad integral de la familia, fundada en el matrimonio como *Iglesia doméstica* y *santuario de la vida*, es una gran responsabilidad de todos.

El padre y la madre se han dicho un «sí» total ante Dios, lo cual constituye la base del sacramento que les une; asimismo, para que la relación interna de la familia sea completa, es necesario que digan también un «sí» de aceptación a sus hijos, a los que han engendrado o adoptado y que tienen su propia personalidad y carácter. Así, estos irán creciendo en un clima de aceptación y amor, y es de desear que al alcanzar una madurez suficiente quieran dar a su vez un «sí» a quienes les han dado la vida.

Como intelectual lleva a cabo un riguroso diagnóstico de la situación de la persona en nuestro mundo contemporáneo. Entre los rasgos que caracterizan esta situación destacan la dispersión, el aislamiento, la soledad... pero no se contenta con señalar esas deficiencias, sino que propone algunas medidas, como la necesidad de acompañamiento material y espiritual con el objetivo de ayudar a las personas y que tendrán como consecuencia un fortalecimiento de la cohesión familiar. Esto no es mera sociología, sino que el Papa Benedicto XVI se encarga de recordarnos la necesidad de tener siempre como referente la persona misma de Cristo:

Los desafíos de la sociedad actual, marcada por la dispersión que se genera sobre todo en el ámbito urbano, hacen necesario garantizar que las familias no estén solas. Un pequeño núcleo familiar puede encontrar obstáculos difíciles de superar si se encuentra aislado del resto de sus parientes y amistades. Por ello, la comunidad eclesial tiene la responsabilidad de ofrecer acompañamiento, estímulo y alimento espiritual que fortalezca la cohesión familiar, sobre todo en las pruebas o momentos críticos [...]. Cristo ha revelado cuál es siempre la fuente suprema de la vida para todos y, por tanto, también para la familia: «Este es mi mandamiento: que os améis unos a otros como yo os he amado. Nadie tiene mayor amor que quien da la vida por sus amigos» (*Jn* 15, 12-13). El amor de Dios mismo se ha derramado sobre nosotros en el bautismo. De ahí que las familias están llamadas a vivir esa calidad de amor, pues el Señor es quien se hace garante de que eso sea posible para nosotros a través del amor humano, sensible, afectuoso y misericordioso como el de Cristo.

Finalmente nos marca una doble tarea, que a día de hoy sigue siendo un reto ineludible: la primera, formar personas libres y responsables y, la segunda, comprometernos con la transmisión de la fe en nuestras familias.

Junto con la transmisión de la fe y del amor del Señor, una de las tareas más grandes de la familia es la de formar personas libres y responsables. Por ello los padres han de ir *devolviendo* a sus hijos la libertad, de la cual durante algún tiempo son tutores. Si estos ven que sus padres –y en general los adultos que les rodean– viven la vida con alegría y entusiasmo, incluso a pesar de las dificultades, crecerá en ellos más fácilmente ese gozo profundo de vivir que les ayudará a superar con acierto los posibles obstáculos y contrariedades que conlleva la vida humana. Además, cuando la familia no se cierra en sí misma, los hijos van aprendiendo que toda persona es digna de ser amada, y que hay una fraternidad fundamental universal entre todos los seres humanos.

Este V Encuentro mundial nos invita a reflexionar sobre un tema de particular importancia y que comporta una gran responsabilidad para nosotros: *La transmisión de la fe en la familia.* Lo expresa muy bien el *Catecismo de la Iglesia Católica:* «Como una madre que enseña a sus hijos a hablar y con ello a comprender y comunicar, la Iglesia, nuestra Madre, nos enseña el lenguaje de la fe para introducirnos en la inteligencia y la vida de fe (n. 171)».

Como se simboliza en la liturgia del bautismo, con la entrega del cirio encendido, los padres son asociados al misterio de la nueva vida como hijos de Dios, que se recibe con las aguas bautismales.

Transmitir la fe a los hijos, con la ayuda de otras personas e instituciones, como la parroquia, la escuela o las asociaciones católicas, es una responsabilidad que los padres no pueden olvidar, descuidar o delegar totalmente. «La familia cristiana es llamada *Iglesia doméstica*, porque manifiesta y realiza la naturaleza comunitaria y familiar de la Iglesia en cuanto familia de Dios. Cada miembro, según su propio papel, ejerce el sacerdocio bautismal, contribuyendo a hacer de la familia una comunidad de gracia y de oración, escuela de virtudes humanas y cristianas y lugar del primer anuncio de la fe a los hijos» (*Compendio del Catecismo de la Iglesia Católica*, 350). Y además: «Los padres, partícipes de la paternidad divina, son los primeros responsables de la educación de sus hijos y los primeros anunciadores de la fe. Tienen el deber de amar y de respetar a sus hijos como *personas* y como *hijos de Dios*... En especial, tienen la misión de educarlos en la fe cristiana» (*ibid.*, 460). El lenguaje de la fe se aprende en los hogares.

Con las dificultades que se constatan en nuestros tiempos, todavía habrá quienes consideren que el matrimonio, que casarse y formar una familia no es más que una pérdida de autonomía personal, que no es más que una minoración de nuestra independencia, que el resultado de esa locura es la renuncia a la libertad... Esa forma de pensar desconoce las verdaderas bases sobre las que se asientan la persona, el matrimonio, la familia, el amor. Esa forma de pensar ignora que para nuestro desarrollo corporal y espiritual, para nuestro crecimiento orgánico e intelectual, la familia es la clave de bóveda sobre la que se asienta la vida humana. Resulta que lo que somos solo lo podremos llegar a ser si nuestros hogares se transforman en un espacio luminoso y alegre en el que la casa es, ante todo, una escuela de humanización del hombre en la que los seres humanos respiran valores que tienen como punto de sustento el amor de Dios, el amor que Dios nos tiene. Nuestros gobernantes y nuestros legisladores han de ser conscientes de que la familia es un bien evidente, que la familia es la respuesta que Dios nos da a los humanos para mostrar cómo satisfacer nuestras necesidades, que la familia es el centro neurálgico de la sociedad y que en ella se despliegan no solo nuestras mejores aspiraciones, sino los auténticos modelos de felicidad, de una felicidad verdadera y duradera.

LA FAMILIA EN EL ARTE:
VALORES EN IMÁGENES

Vivir en familia es reconocer que el origen de uno no está en uno mismo. Tanto filiación como paternidad son relaciones permanentes. Nadie es expadre de alguien, ni exhijo de otro. Las relaciones familiares tienen algo de originario y poseen una vigencia extratemporal. Así pues, no importa cuál sea la duración de una vida humana, todo individuo en un momento dado se plantea la cuestión de su origen, y esa interpelación le pone en camino a ser consciente de su condición de ser generado por otro. Esto es un hecho, una evidencia de la que no se puede dudar: nadie puede soslayarlo o sustituirlo. La identidad personal es, por tanto, indisociable de ese reconocimiento. Sin embargo, uno de los fenómenos más notorios de las ideologías modernas es el no querer ser hijo, el considerar la filiación como una deuda intolerable, insoportable.

Somos seres respectivos, que siempre están en relación con otros. De ahí que entre los miembros de una familia puedan, de manera natural, establecerse relaciones personales que «entrañan» (elijo este verbo con toda intencionalidad) afinidad de sentimientos, de afectos y también de intereses. Todas estas relaciones o se basan en el respeto mutuo entre las personas o no se llegan a establecer. El respeto es un valor añadido a la necesaria relación parterno-filial. La perspectiva biológica es una condición necesaria, pero no es la única y, desde luego, no es una condición suficiente.

El respeto, los afectos, los intereses comunes van construyendo, a un tiempo con sutileza y firmeza, la familia. Esta se convierte en un tipo peculiar de la comunidad en la que desde un primer momento, en la infancia, se enseña todo un corpus de valores y, especialmente, el manejo adecuado de la libertad. El fundamento práctico de la libertad reside en ese tipo peculiar de relaciones que además se ven apoyadas por la estabilidad familiar proporcionando verdadera seguridad y fraternidad. Libertad, seguridad y fraternidad vividas en el microcosmos de la familia terminan por ser valores activos que los individuos transferimos a la vida en sociedad. No hay duda: lo que acontece en el microcosmos familiar es exportado a la vida de la comunidad como en un espejo. Por esta razón, podemos afirmar que en la familia se inicia la auténtica vida social.

Un valor se dice de lo que es una cualidad estable de un sujeto o de un objeto. En el caso de los seres humanos, los valores orientan la acción y nos permiten ponderar y discernir la bondad, la maldad, la belleza o la fealdad. La relación de los valores tanto con la ética como con la estética es directa, fundamental, porque terminan constituyendo el auténtico marco de referencia de nuestra vida cotidiana. Si no tenemos valores, nada nos parece valioso; si todo tiene el mismo valor, nada resulta valioso. Aquí acecha una de las enfermedades mentales más potentes de nuestro tiempo: el relativismo. Por el contrario, quien está dispuesto a discernir, juzgar, jerarquizar está en disposición de afirmar con toda rotundidad que no todo vale, que no todo vale lo mismo. Pero para llegar a tener algunas cosas claras, no hace falta tener muchas, es necesario aprender.

La familia es escuela donde se enseñan los primeros valores; valores que serán sustento para la vida en sociedad y que seguirán vigentes a lo largo de la existencia de la persona. Los valores no son fruto de un arte efímero, de una *performance moral* caduca, sino el resultado de la constancia, de la reiteración, de que los individuos asuman deliberada y conscientemente la transformación de sus acciones en hábitos virtuosos. Por reducirlos a un decálogo, podríamos destacar, entre otros, los siguientes: seguridad, alegría, generosidad, respeto, justicia, responsabilidad, lealtad, confianza, intimidad y libertad. Diré, al menos, dos palabras sobre cada uno de ellos.

Seguridad

Tal vez lo primero que nos ofrece la familia sea exactamente esto, seguridad. Qué bueno sería que todas las personas se sintieran seguras en su propia casa, se sintieran a salvo de todo peligro... Desgraciadamente, sabemos que esto no ocurre. No podemos ignorar el dolor ni el peligro que experimentan muchos individuos en su propio hogar. En el seno de la familia, la protección debería ser siempre posible, porque sentirnos «en casa» es un regalo. Ese clima de tranquilidad es imprescindible para un desarrollo adecuado, es una condición de posibilidad que nos permite seguir adelante, que nos permite seguir vivos, que nos facilita desarrollar nuestras capacidades orgánicas, físicas, psíquicas, espirituales.

Cuando el contrato social se hace presente en las teorías políticas de la Modernidad, lo que busca garantizar es que los individuos se sientan en sociedad como se sienten en su familia: protegidos, a salvo de todo peligro. Más allá de si uno es optimista o pesimista sobre las bondades de la naturaleza humana, la seguridad es el valor básico; tan básico que algunos estarían dispuestos a renunciar a determinados derechos con el fin de mantenerse vivos. Desde la cultura clásica, esta necesidad aparece reconocida. El *paterfamilias* de los romanos era un garante de la protección... y esa institución trascendía los límites de la mera biología puesto que era una cuestión eminentemente pública, civil. Esto nos debería llevar a exigir el reconocimiento social y político que la familia tiene en la vida de todo ser humano, en todos los lugares, en todas las épocas.

Paterfamilas, Casa de los Vettii, s. I.

Echando la mirada atrás constatamos que tan solo un auténtico *cives romanus* podía alcanzar esta categoría, este estatus de *paterfamilias*. Era una especie de cargo unipersonal dentro de la familia, dentro del hogar romano en el que convivían consanguíneos y no consanguíneos. Solo un varón ejercía este oficio. Ni siquiera los hijos varones, ya adultos, podían zafarse de esta autoridad mientras el padre viviera. Con el paso del tiempo, esta figura de autoridad fue debilitándose, pero en sus orígenes el *paterfamilias* era un ciudadano independiente, *homo sui iuris*, y sobre su exclusivo dominio estaban todos los bienes y todas las personas que pertenecían a la casa.

En cuanto persona física, se le adjudicaba plena capacidad jurídica para obrar según su propio criterio, según su voluntad, *sui iuris*, y ejercía fácticamente la *patria potestas*, la *manus*, la *dominica potestas* y el *mancipium* sobre el resto de personas *alieni iuris*. Hijos, mujer, esclavos, todos ellos estaban al abrigo del *pater* que no solo les protegía, sino también tenía la potestad *vitae necisque*, es decir, el poder sobre la vida y la muerte de todos los que vivían en su casa, que estaban *sub manu*. Por supuesto, también tenía el poder para vender a sus hijos como esclavos, aunque la ley romana establecía también ciertas matizaciones sobre el número de veces que se podían vender.

En la Casa de los Vettii en Pompeya, cuyos propietarios eran dos libertos que se dedicaban al comercio del vino, Aulius Vettius

Conviva y Aulius Vettius Restitutus, se han conservado una serie de frescos de gran calidad entre los que nos encontramos la representación de un *pater familias* flanqueado por dos *lares* domésticos. En la mitología romana, los lares eran deidades, hijos de la náyade Larunda y del dios Mercurio, cuya misión era la de ser custodios, guardianes del hogar, de los campos, de los caminos... El *pater* ataviado con un atuendo propio de su rango y con los brazos abiertos, parece estar acogiendo a toda su familia. Los lares en una disposición muy dinámica levantan en sus manos sendos cuernos de la abundancia, como dejando ver que la riqueza de la casa es un regalo de los dioses por la buena conducta del *pater familias*. Iconográficamente esta figura se ha trasladado en muchas ocasiones a la propia representación que hacen de sí mismos los pintores cuando retratan a su propia familia. En este sentido, hay obras bien conocidas de artistas como Rubens o Jordaens, que, cuando se pintan ellos mismos con sus mujeres y sus hijos, nos recuerdan esta actitud que demarca la *potestas* sobre los miembros que forman parte de la familia.

Alegría

La alegría es un valor cuya raigambre familiar es total. Solo estamos alegres cuando dejamos de ocuparnos exclusivamente de nosotros mismos. Aquellos cuya única meta son ellos mismos suelen ser amargados, tristes, insatisfechos y, además, suelen resultar insoportables. Dedicarse a uno mismo veinticuatro horas al día es agotador, y lo peor es que la tarea jamás termina con éxito, entre otras cosas, porque jamás termina. Sin embargo, en el núcleo familiar lo que se procura es que los miembros se ayuden unos a otros en sus necesidades, en la superación de obstáculos y dificultades, así como el compartir los logros y éxitos de los demás, sin olvidar los dolores, los fracasos, las angustias...

La familia es alegría porque deja el egoísmo a un lado, y busca el bien del otro, persigue compartir con el otro, aunque sea la pena. Darse es un misterio antropológico que tiene como resultado la alegría, una alegría que no depende de las circunstancias o de las facilidades que pueda presentar la vida y que, desde luego, tampoco consiste en poseer cosas ni en considerarse dueño de uno mismo. Ese «darse» es una de las mejores modulaciones del amor, porque en familia no hay reservas, uno lo entrega todo, uno lo da todo sin esperar retorno, sin calcular los beneficios de la acción.

La familia alegre, Jan Havicksz Steen, 1668.

Pintar la vida cotidiana era una de las tareas constantes de Jan Havicksz Steen, este magnífico artista barroco holandés, cuyas obras son como un diario personal. En *La*

familia alegre, lo que percibimos es, sobre todo, bullicio, caos, risas, algarabía. Suena la música, hay carcajadas y la escena está plagada de detalles que hacen que el espectador sea uno más de la escena. El padre canta a todo pulmón y, además, levanta su copa. La madre y la abuela, esbozando una sonrisa, se suman al canto, cuya letra parecen estar leyendo de un papel que la abuela sostiene en sus manos. Detrás de ellas, uno de los miembros de la familia toca una gaita y, a su lado, otro hace sonar la flauta. Los niños sonríen... y no puede ser de otro modo... ¿Que por qué esto es así? Porque los mayores les transmiten la alegría de vivir. La escena no se agota en el mero goce de la vida, en la pura diversión, en un sentimiento estético de la existencia ni en nada trágico. En ese ambiente de celebración, los mayores no solo están disfrutando, sino que están ejerciendo un acto educativo. Sí. La alegría también se educa. Por eso, de la chimenea cuelga un papel que nos dice que, «como los viejos cantan, así es el gorjeo de los jóvenes»... Ante un modo de vida alegre, una máxima moral, una referencia a antiguos proverbios o refranes holandeses,

cuya tradición en la educación del individuo era muy valorada. Hacemos aquello
que hemos visto hacer.

El propio Steen vivió muy de cerca la fies-
ta y el gusto por cantar. En Leiden trabajó
como criado en una taberna, y él mismo se
pinta en el *Autorretrato con laúd*. Poco después, en 1648, en esa misma ciudad, se unió
al gremio de pintores en la guilda de San
Lucas y, al año siguiente, se casó con Mar-
griet van Goyen, hija del también pintor Jan
van Goyen, de quien él había sido ayudan-
te. Tuvieron siete hijos. Siguió trabajando
con su suegro hasta 1654, fecha en la que
se trasladó a Delft. Allí abrió una fábrica
de cerveza, *De Roscam*, aunque, al parecer
no tuvo gran éxito. En el año 1669, al año
de haber pintado la obra que comentamos,
falleció su esposa y en 1670, su padre. En
abril de 1673 volvió a casarse, con María
van Egmont, con la que tuvo otro hijo. Con
esa peripecia vital cabe representar cualquier escena, de alegría, de dolor, de trabajo, de descanso, pero siempre rodeado de su
familia.

La comida del obrero, Francesc Sardà, 1911.

Cómo contrasta esta pintura con *La comida del obrero,* que Francesc Sardà realiza en 1911. La vida matrimonial y de familia de un obrero del XIX no tiene nada que ver con la de Steen. Las caras de sus personajes están abstraídas de una realidad que, para ellos, es hostil, enemiga, triste... Sentados en la acera, fuera de los muros de la casa, como queriendo mostrar que ese espacio interior del hogar es hostil. Solo el padre y el bebé comen: uno de un plato diminuto, en el que apenas nada debe haber; el otro toma el pecho de su madre que lo contempla con un gesto entristecido. Mientras tanto, la niña está plantada de pie ante ellos, sin abrir la boca, con una mirada perdida hacia su hermano en la que quizá le anuncia el triste destino que le espera...

Generosidad

La generosidad es uno de los fundamentos de la alegría, como acabamos de ver, pero además es un valor extraordinario por sí mismo. Generosidad es actuar en favor de otras personas desinteresadamente. Este es el punto clave de la generosidad. El desinterés concebido no como la falta de atención, sino como la puesta en práctica del abandono del interés propio, aun siendo legítimo, es un factor muy exclusivo del comportamiento humano que sabe parar, por decisión autónoma, la satisfacción de las propias necesidades y/o deseos, y dedicar todas las fuerzas a satisfacer las necesidades o deseos de los demás.

El abanico de acciones desinteresadas puede ser infinito: puede consistir en dar nuestro tiempo, nuestro dinero, poner al servicio de otra persona nuestro conocimiento o nuestras habilidades manuales, compartir alimentos, juguetes o simplemente escuchar y atender a otro miembro de la familia que requiere nuestra atención, puede ser incluso saludar con cordialidad o perdonar de manera dulce y amable una supuesta ofensa que hayamos recibido. En pocas palabras: hacer la vida de los otros miembros de la familia más agradable. Sin duda, no es una cuestión metafísica de primer nivel, pero, claro está, es mucho más importante para nuestro día a día que tener clara la conexión entre el principio de la identidad de los indiscernibles y los postulados de la física cuántica…

Toda la obra de Fernando Botero llama poderosamente la atención de cualquier espectador: sus dimensiones, sus colores, la magia que desprenden sus personajes… nos atrapan. Su estilo es inconfundible y lleva lo figurativo a límites expresivos en los que se aprecia siempre su mano. El artista colombiano sabe captar la profundidad de lo cotidiano y su quehacer artístico, a su vez, se ha visto profundamente influido por los acontecimientos que le ha tocado vivir en su entorno familiar, alguno de ellos tan doloro-

La Maternidad, Botero, 1989.

sos como la muerte de su propio hijo Pedro, que falleció en un accidente, precisamente en España, cuando tan solo tenía cuatro años. Tras su formación en Colombia, su paso por Europa y su regreso a México, a partir de 1960 se instala en Nueva York y se ve influenciado por las vanguardias, y, aunque realiza algunas obras bajo la influencia del expresionismo, siempre mantuvo viva su pasión por autores tan diferentes a su contexto histórico como Rubens, cuya huella puede rastrearse en *La Maternidad,* que podemos contemplar en la plaza Escandalera de la ciudad de Oviedo.

En *La familia presidencial* hay algo de arquetípico, o para ser exactos es un «tipo» más que sigue el arquetipo de pintar las familias reales. En ella no solo podemos ver la huella velazqueña y la goyesca, sino que además nos abre la mirada hacia una forma de detener un instante. Mayores y niños, civiles y militares, profesionales liberales y clero, naturaleza y paisaje, serpientes y gatos... La familia presidencial es un micrososmos que, frente a lo que sucede con las mónadas leibnizianas que no tienen ni puertas ni ventanas, se abre a todo un continente, a todo un universo.

El volcán que aparece entre las cumbres de la cordillera está en erupción, como queriendo llamar la atención sobre lo inestable de la situación. Botero pintó en muchas ocasiones cuadros de familia, pero lo que quisiera destacar de él, de Botero, es su *generosidad estética*.

La familia presidencial, Botero, 1967.

Nadie como él ha sabido tratar y retratar el volumen de las cosas y de las personas; su manejo del color; unas expresiones gestuales impecables. Es algo así como una mezcla entre el barroco que retuerce las formas, la precisión en el dibujo de la pintura gótica, el color de los fauvistas, el detalle de los flamencos, la recreación de atmósferas surreales de los maestros de la vanguardia, la capacidad narrativa de un políptico y la composición geométrica de un cubista.

Generosidad es apertura de miras; es aceptar que la vida no se mide solo con mis aparatos de medir; es estar dispuesto a cambiar la perspectiva de las cosas, incluso sobre las que son más ordinarias; es aprender a ver la realidad y a las demás personas con otros ojos que no son los nuestros, que son los suyos.

Cuando Botero quería ser torero —asistió a la escuela de tauromaquia que había en la plaza de La Macarena de Medellín en 1944, bajo la tutela del banderillero Aranguito, hasta que un percance acabó con su vocación—, supongo, quería lo mismo que cuando empezó a pintar: hacer del instante algo único, algo universal, y para eso, la sutileza, la técnica, el poderío son imprescindibles. Su primera obra resultó ser una acuarela de un torero y cuatro años después, en 1948, hizo su primera exposición.

Sus viajes, su no parar, su inquietud por el ser humano, por presentarlo y re-presentarlo, por recrearlo y re-colorearlo, su vida, siempre abierta, es un ejemplo de cómo cuántas veces lo más cercano parece, en realidad, lo más lejano... y cómo aquello que parece que se nos escapa en la lejanía puede ser capturado a golpe de sueños...

Respeto

El respeto es otro de los valores que se transmiten en el interior de la familia. Uno no respetará a los demás si no se respeta a uno mismo. Respetar al otro, tener en cuenta sus opiniones, sus sentimientos, ponerse en su lugar son aspectos muy valiosos de la conducta humana que solo se aprenden por imitación. Si nos escuchan, podremos escuchar; si nos manifiestan los afectos, aprenderemos a cómo exteriorizar los nuestros; si recibimos las opiniones de los demás y las acogemos, aunque no las compartamos, podremos manifestar las nuestras. Respetar no es unificar acríticamente nuestros comportamientos. No se trata de uniformizar las diferencias, sino de apreciarlas, valorarlas y no juzgarlas. El respeto no es otra cosa que tener en consideración al otro y lo que al otro le parece importante. El respeto tiene mucho que ver con la delicadeza y esta es un valor que en la vida de familia resulta imprescindible, porque lo será en la vida social, entre amigos, entre ciudadanos, entre personas y también con todo nuestro entorno.

El matrimonio Arnolfini, Jan van Eyck, 1434.

Cuando vemos en esta obra al poderoso mercader Giovanni Arnolfini y a su esposa Jeanne Cenami, que vivieron una vida próspera en Brujas entre 1420 y 1472, tenemos la sensación de estar contemplando no solo a unas personas concretas con nombres y apellidos, sino a todo un icono de lo que es un modo de vida. El cuadro narra el momento en el que ambos contraen matrimonio. Un matrimonio tal vez celebrado en secreto y cuyo testigo es el mismo Jan van Eyck. No obstante, como suele suceder con las hipótesis historiográficas, hay diversidad de opiniones divergentes.

Lo que resulta incuestionable es que esta pintura, además de ser una de las mejores salidas de la mano del pintor flamenco, es también uno de los primeros retratos de tema no hagiográfico que nos ha dejado la historia de la pintura moderna, donde la excelencia técnica acoge de manera muy sutil una escena costumbrista. Al mirar con detenimiento la escena, la pareja está enfrente, de pie, en su propia alcoba. Toda parece transmitir un ambiente dramatúrgico en el que el esposo, bendiciendo a su mujer, que le ofrece su mano derecha, parece ser el oficiante de la unión matrimonial. Todo está muy bien medido, con un tono solemne, tanto que resulta hasta hierático.

Lo que vemos es todo tan relevante, que hasta los más mínimos detalles son fundamentales. En esta tabla, los objetos reales son mucho más de lo que su apariencia física, material, denota. La luz, la perspectiva, las vestimentas, los zapatos, el mobiliario bien tallado, todo, absolutamente todo está a disposición del significado que subyace a cada uno de ellos. El orgullo, la riqueza, la opulencia, la institución matrimonial, la fecundidad, todo, absolutamente todo denota dignidad, respeto, sentido: unas simples naranjas son, en realidad, un objeto de lujo (son *las manzanas de Adán*, el símbolo de la fruta prohibida del Edén, y por ende, del deseo, que la institución matrimonial redime); la cama, para sentarse y que se usa como recibidor; los tejidos exquisitos, los puños de armiño, las joyas; el espejo del fondo enmarcado entre diez pequeños minicuadros que relatan la Pasión de Cristo; la severidad del propio esposo bendiciendo o, tal vez jurando *(fides levata)*, mostrando que ostenta el poder moral de la casa *(potestas)* y cuya autoridad sostiene la mano de su esposa *(fides manualis)*, que inclina su cabeza en clara actitud de aceptación. Matrimonio, juramento, fidelidad, fertilidad, respeto... Otros, como Holbein el joven, intentaron representar estos valores, pero nadie como Van Eyck...

Justicia

Justicia no es sinónimo de igualdad ni de uniformidad, sino de equidad. En la familia aprendemos que no todos somos iguales, que no todos nos comportamos de la misma manera y que, por eso, a cada cual ha de dársele lo que corresponde, ni más ni menos. Si de algo adolecen, en muchas ocasiones, nuestras sociedades, es de justicia, aunque a todas les sobren, seguramente, un buen número de leyes. Todos podríamos poner cientos de ejemplos de «cosas» injustas. Pero lo realmente importante es tener claros los criterios. La justicia propicia el orden, la sensación de dignidad, por eso cualquier injusticia desata el desorden y provoca en los seres humanos un sentimiento de agravio difícil de borrar. Una sociedad justa no es aquella en la que no existen los compromisos ni las exigencias ni los deberes, sino aquella en la que los individuos se sienten tratados de acuerdo a su naturaleza, de acuerdo con sus comportamientos, de acuerdo con sus obligaciones y compromisos.

En el primer inventario de Palacio realizado diez años después de haber sido pintado, este cuadro, uno de los más conocidos y comentados de la historia del arte, llevaba por título *Su alteza la emperatriz con sus damas y una enana*. Medio siglo después, en 1734, pasa a ser identificado como *La familia de Felipe IV*, hasta que Pedro Madrazo en 1843, cuando incluye la obra en el catálogo del Museo del Prado, se refiere a él como *Las Meninas*.

Tal vez fueran los signos de los tiempos, el ambiente republicano y revolucionario en Europa estaba presente en esos momentos, pero en una España políticamente muy delicada es curioso comprobar cómo el nombre de las sirvientas gana al de los amos en la descripción de esta obra. Actualmente vivimos tiempos de reivindicación de derechos, asistimos a luchas por mantener conquistas sociales y económicas, levantamos banderas de igualdad e incluso creamos ministerios para avivar las conciencias.

Su alteza la emperatriz con sus damas y una enana,
Velázquez, 1656.

Las Meninas es, sin duda, uno de los cuadros a los que los especialistas en la historia de la pintura han dedicado sus análisis. Lo sabemos casi todo sobre él. Dónde fue pintado, la Sala del Cuarto Bajo del Príncipe del

Alcázar de Madrid, estancia que había ocupado Baltasar Carlos hasta 1646, fecha de su muerte; los cuadros que decoran la estancia; el nombre de todos sus personajes: la infanta Margarita, que a la sazón tenía cinco años; María Agustina Sarmiento e Isabel de Velasco, las dos *meninas;* Maribárbola; Nicolasito Pertusato; Marcela de Ulloa y Diego Ruiz de Ancona, en el segundo plano; José Nieto, en la puerta del fondo; Felipe IV y su segunda esposa Mariana de Austria, en el espejo; y, por supuesto, el propio Velázquez. Lo sabemos todo menos dos cosas: el nombre del perro y qué es en realidad lo que el pintor sevillano está pintando.

Jonathan Brown ha recogido buena parte de lo que la crítica ha interpretado: desde la visión realista de Stirling-Maxwell y Carl Justi, que no habla de la captación del instante; la historicista con Sánchez Cantón, que analiza cuidadosamente el inventario de la biblioteca velazqueña y el peso que para el pintor tenían libros como los *Emblemas* de Alciato o la *Iconología* de Cesare Ripa; y la posestructuralista que nace con Foucault y que explica la obra como una estructura de conocimiento en la que el espectador, que se integra en la propia escena al contemplar la obra, se convierte en un ser activo de su representación.

¿Por qué hablar de equidad, estabilidad y justicia en esta obra? Porque su estructura compositiva presenta una visión de la familia muy peculiar, en la que los lazos que existen son, invisibles, pero firmes; porque en su tratamiento del color y la luz hace que el

La familia del pintor, Juan Bautista Martínez del Mazo, 1665.

punto de fuga del lienzo se encuentra cerca del personaje que aparece al fondo abriendo la puerta; porque Velázquez es capaz de dominar nuestra mirada y dirigirla a través de un itinerario perceptivo que no es elegido por el espectador, sino por el pintor... él lo gobierna todo, dentro y fuera del cuadro...

No resulta extraño que a su yerno le cautivara esta magia compositiva y quisiera reproducirla, aunque con mucho menor éxito, retratando a su propia familia. Me refiero a Juan Bautista Martínez del Mazo en 1665.

Responsabilidad

La responsabilidad es una de las claves para entender la relevancia de las acciones humanas, no solo porque suponga que todo individuo ha de asumir las consecuencias de sus propios actos ante los demás, sino porque también ha de hacerlo, en primer lugar, ante sí mismo. A veces consideramos que nuestros actos no le importan a nadie, creemos que no afectan a otros; aun así, la responsabilidad no es algo que se pueda dejar aparcado o metido en un cajón, como si nuestro comportamiento fuera algo puramente neutro. Todo aquello que hacemos sale de nosotros mismos e impacta con la realidad, accede al mundo de la vida de los otros y les puede impresionar, conmover, inquietar, perturbar...

Para que alguien pueda ser responsable, tiene que ser consciente de sus deberes y obligaciones, y es en el ámbito familiar donde tenemos la primera experiencia de que nuestros actos afectan a los demás. Por esta razón, resulta muy importante que seamos conscientes de que todos tenemos responsabilidades y obligaciones. Y cuanto más claras las tengamos, mejor. La familia es una especie de campo de entrenamiento en el que comienzan a desarrollarse las conductas que posteriormente serán desplegadas en sociedad. Como en todo proceso educativo, los comienzos son clave, porque generan determinados niveles de exigencia que nos llevarán hacia una vida de relaciones mucho más complejas. Y esto puede percibirse hasta en el interior de un hogar sencillo, corriente, como el que vemos en *La Sagrada Familia del pajarito*.

Bartolomé Esteban Murillo nos regala uno de los óleos más populares de la pintura española del siglo XVII. San José, la Virgen María y el Niño Jesús. Una escena llena de

La Sagrada Familia del pajarito, Murillo, 1650.

calor de hogar que nos presenta, sin sobre-
saltos, la inmensa tarea que tienen José y
María y Ambos en silencio, con toda la ter-
nura humanamente posible, miran al Niño
como acariciándolo. María esboza una sonrisa mientras no deja de hilar, como si para
contemplar a Dios el trabajo que uno hace
no estorbara. Por su parte, José tiene puesta su mano derecha en la cintura de Jesús,
como para que no se caiga, mientras el perro

observa con audacia al pájaro que el niño tiene en su mano. Nada del lujo flamenco está presente en esta habitación austera en la que el Niño es la luz, porque es la Luz que ha venido al mundo. Sobre sus padres, la responsabilidad de cuidarlo, quererlo, criarlo: ellos son, ni más ni menos, de quienes depende el Hijo de Dios encarnado.

En este cuadro destaca la figura del propio José, cuya devoción durante la época de la Contrarreforma aumenta. Tras él, su banco de trabajo: sencillo, con sus herramientas dispuestas para ser usadas un día y otro. No es de extrañar que José I se llevara a París esta obra de arte y que formara parte del Museo Napoleón durante siete años (entre 1810 y 1817), hasta que en 1819 ingresó en el Museo del Prado. San José, el hombre de los silencios, el padre siempre atento, el esposo fiel y cariñoso. La calidad con la que Murillo le pinta es directamente proporcional a su eticidad. No lo olvidemos, para el agudo Hegel, la familia era un momento natural de la eticidad basado en el amor, pues no era sino el cumplimiento del espíritu objetivo.

La eticidad abarca todas las relaciones interpersonales: las que tienen su origen en el vínculo del amor (la familia), en intereses económicos (sociedad civil) o en la obediencia libre a los poderes fácticos (Estado). Murillo con su pincelada serena es capaz de transmitir ese espíritu ético inmediato y natural, porque, en el fondo, el amor no es otra cosa que la conciencia de mi unidad con otro. En la composición que contemplamos, el amor entrañable es lo que une a José y a María, el Amor que ha salido de las entrañas de María. Dios ha hecho de ellos su familia, Dios vive su vida con ellos, y ellos no dejan de trabajar, no dejan de quererse. Algo parecido vemos en *La familia artesana* que pinta el vitoriano Ignacio Díaz de Olano en 1899, pero la luz de la vela que ilumina la escena es ya mucho más tenue, aunque se mantiene la sencillez y la austeridad que nos muestran a un trabajador, padre de familia, al que acompañan su mujer y su hijo.

Lealtad

La lealtad es, en el fondo, un ir más allá de la mera correspondencia, es un ir más allá de la cortesía o de lo que comúnmente se consideraría ser bien educado. La lealtad surge cuando somos capaces de reconocer a otras personas como tales y establecemos vínculos con ellas buscando no el interés ni el beneficio propio ni siquiera la seguridad. Estos vínculos que se generan no solo aceptan al otro tal cual es, no solo le soportan, no solo le tienen en cuenta, sino que buscan su bien. En este valor se aúnan la generosidad, el compromiso, la madurez, la autenticidad, el respeto, el apoyo, y todo esto aun no compartiendo la conducta del otro, el criterio del otro. Una persona leal busca el bien de la otra persona en cualquier circunstancia, especialmente en las dificultades, muy especialmente cuando las cosas vienen mal dadas para el otro. La lealtad no es un ideal teórico, sino una muestra práctica de cercanía, de respeto, de ayuda, de servicio. En la familia surgen y se fortalecen este tipo de vínculos que van más allá de lo normativo. Ahora bien, ser leal no supone aprobar una conducta errónea, no supone compartir una decisión, sino respetar y cuidar de la otra persona, incluso advirtiéndole de lo que nos parece equivocado. Cuando en familia se vive la protección, el refuerzo positivo, el apoyo desinteresado, se está enseñando «lealtad».

La responsabilidad de José se vuelve lealtad cuando tenemos delante esta obra de Ra-

Sagrada Familia, Rafael Sanzio, 1505.

fael. La lealtad lleva al santo patriarca a ir mucho más allá de lo que la pura forma del deber le obligaría. Sí, José es mucho más que un kantiano que se ve obligado por un imperativo moral. José es un ser humano que se fía de la palabra de Dios, que hace saltar por los aires la lógica de los hombres y que no pone ni una sola barrera a que los planes de la Providencia se hagan en su vida y, gracias a él, también en la nuestra.

A veces no somos conscientes de que la *Sagrada Familia* como motivo artístico no es algo que suceda pronto en la historia de las artes. En la piadosa Edad Media, lo que vemos, ya sea en el románico o en el gótico o en el arte bizantino, son «Maternidades», «Virgen con Niño». Unas son más expresivas, otras más hieráticas, unas más sentimentales, otras más refinadas, pero al fin y al cabo hay en todas ellas un ausente: san José. Aún más, cuando las «Sagradas Familias» empiezan a aparecer como tales, ni siquiera tienen una identidad específica, sino que se insertan en los episodios propios de la Historia Sagrada que conocemos: nacimiento, adoración de los pastores, adoración de los Magos, la huida a Egipto... No será hasta el

Renacimiento cuando este motivo iconográfico adquiera identidad propia.

Rafael nos presenta a un José protector, a un marido preocupado por su mujer y su hijo, por eso se inclina hacia ellos, como cerrando la escena para que nada pueda pasarle a su familia. Su lealtad va desde sus desposorios con María hasta el final de sus días, y no olvidemos que sus circunstancias no fueron nunca las mejores, nunca fueron las más fáciles: no era un rentista, vivía de su trabajo; tuvo que cambiar de residencia varias veces, no por el hecho de querer ver mundo, sino por salvar a su hijo del odio y la envidia de otros...

Prestemos atención a un detalle prodigioso: hay un muy significativo triángulo entre las miradas de María, Jesús y José. Lo que hemos oído muchas veces es verdad: a Jesús se va y se vuelve por María. Si se mira con atención, se podrá ver el rosario que el Niño lleva al cuello. Pero en esta composición del de Urbino a Jesús también se va por José... En la mirada que une a ambos podríamos encontrar el camino que conecta el cielo y la tierra: una tierra en la que se apoya el cayado de José; un cielo que revela ser quien, abrazado a un cordero, es realmente el Cordero de Dios que quita el pecado del mundo. *Mysterium fidei...*

Confianza

La confianza es uno de los valores más acogedores que caracterizan la función formativa de la familia. Confianza entendida en una doble vía: confianza en uno mismo y confianza en los demás. La confianza en uno mismo es un factor imprescindible para lograr un adecuado desarrollo de la personalidad. La autoestima es uno de los valores fundamentales para que el individuo pueda llegar a ser maduro, equilibrado y sano. Nos valoramos a nosotros mismos si nos reconocemos valorados por otros: esta experiencia empieza a ser vivida en el seno de la familia. Cuando hablamos de autoestima, estamos teniendo en cuenta un buen número de factores que conforman la personalidad, pues esta percepción que uno tiene de sí mismo influye, de modo decisivo, en nuestra forma de vivir la vida, en la toma de decisiones, en el establecimiento de relaciones con los demás; en consecuencia, conforma el tipo de vida, las actividades y los valores que elegimos.

Pero además de nuestra perspectiva personal, la confianza necesariamente es un valor cuya relevancia comunitaria es fundamental. Si no aprendemos a confiar en los demás, me atrevería a decir que no llegaríamos a ser auténticos seres humanos, sino humanoides huidizos, asociales y solitarios. Nuestros padres, nuestros hermanos, nuestros educadores nos van transmitiendo un modo de vernos a nosotros mismos y un modo de ver a los demás, que no son el enemigo –como si viviésemos en un estado de naturaleza salvaje–, sino el compañero, el amigo, aquel con quien podemos construir nuestro mundo. La mayor parte de las tareas de la vida requieren cooperación; si no confiamos en los demás, será imposible desarrollar un modo humano de convivencia. Sería algo así como nuestra propia muerte como especie.

Atrevámonos ahora mismo a dar un salto de casi quinientos años. Los bronces de Moore tienen algo de mágico. Son muy seductores no solo por sus formas onduladas y sus espacios vacíos, que recuerdan los paisajes de Yorkshire que le fascinaban, sino porque su potencia de comunicación hace que el espectador no pueda no interactuar con

The Family Group, Henry Moore, 1950.

la obra. Sus piezas son habitualmente representaciones abstractas de la figura humana y, aunque sus formas sean absolutamente contemporáneas y lo envuelvan todo, también se puede percibir en él la influencia de los clásicos (Giotto, Miguel Ángel, Pisano...) al menos tanto como la de otros artistas que conoció a lo largo de sus viajes (Picasso, Braque, Arp, Giacometti...).

Su propia vida familiar influye en su creación artística. *Family Group* pertenece a una etapa muy interesante en la biografía de Moore. Tras varios abortos espontáneos, su esposa Irina, con la que se había casado en julio de 1929, da a luz a su hija Mary Moore. Pocos años atrás había fallecido la madre del artista. Y estos dos hechos, el fallecimiento de su madre y el nacimiento de su hija, tuvieron una influencia capital en el tipo de esculturas que creó. Aunque sigue realizando figuras reclinadas, hay un buen número de esculturas «madre-hijo».

En esta época, finalizando la Guerra Mundial, contacta con el educador Henry Morris, quien tiene en la cabeza un proyecto espectacular para reformar la educación: el *Village College*. Esta iniciativa pedagógica en su aspecto externo tenía que ser también revolucionaria, por lo que Morris contrata a Walter Gropius para que diseñe el campus de Impington y a Moore para que realice una escultura pública que sirva de icono para dicho campus. Como los tiempos eran difíciles, la falta de fondos tiró todo por tierra, pero nuestro escultor ya había hecho una maqueta y usó el diseño para la estatua que se colocó en la escuela secundaria de Stevenage en 1950. Esta es la primera escultura pública del autor en bronce.

Es un auténtico icono de la confianza, de la familia. Todos los personajes están entrelazados, no hay espacio alguno que sirva de fisuras entre unos y otros. El grupo de familia es un todo, unido, compacto, dinámico, pero además muestra algo muy peculiar: hombre y mujer están al mismo nivel, ninguno sobresale sobre el otro, nadie está más alto ni ocupa una jerarquía superior (a diferencia de otras representaciones similares de la confianza familiar de épocas pasadas, como, por ejemplo, la goyesca *Familia de los duques de Osuna* de 1788).

Moore sigue vivo en sus obras y en las de otros artistas como sir Anthony Caro, Philip King, Eduardo Palozzi o Kenneth Armitage…, pero lo mejor es que sus esculturas siguen pasando buena parte de su vida en la calle, y podemos verlas mientras damos un paseo en familia, mientras llevamos de la mano a nuestros hijos o quizá a los hijos de nuestros hijos.

Intimidad

Tal vez en una sociedad como la actual, plagada de dispositivos de imagen y sonido a través de los cuales sentimos no solo que todos estamos conectados con los demás, sino que es imposible mantenerse al margen de esas redes que nos enganchan unos a otros, pueda parecer imposible considerar la intimidad como algo valioso. Pero justamente porque cada vez son menos los espacios en los que podemos salvaguardar nuestra intimidad, esta es un bien muy preciado.

Cuando todo está expuesto como en el escaparate de unos grandes almacenes, parece que cualquiera tendría el derecho de atravesar, hasta físicamente, nuestra corporeidad y meterse dentro de nosotros mismos. En nuestro mundo, la curiosidad ha llegado a convertirse en algo patológico; no tenemos el más mínimo pudor en contemplar aquellas facetas de la vida humana que, de suyo, deberían estar reservadas al propio individuo, que pertenecen solo a uno mismo.

La familia nos enseña que es necesario acotar espacios privados; la familia nos enseña que una cosa es compartir la vida y otra bien distinta, no tener ni siquiera un espacio mínimo reservado. La segunda acepción del diccionario de la R.A.E. nos aclara que intimidad es aquella zona espiritual y reservada de una persona o de un grupo, especialmente de una familia. Qué curiosa conexión entre intimidad-espíritu-familia. Esa zona privada no tiene por qué esconder nada, al menos nada delictivo ni moralmente inadecuado, ni siquiera algo perverso. Algo íntimo puede ser, por ejemplo, algo tan «normal» como comer juntos en familia, sin tener que aparecer en Facebook o tuitearlo hasta convertir ese encuentro particular y reservado en *trending topic* ni en una *story* de Instagram.

Frente a la pura exterioridad, uno puede permanecer en sí, en su casa, con su gente, sin tener que dar explicaciones, sin tener que salir fuera. Aunque, ciertamente, a veces nos apetece compartir lo que nos pasa. Digo compartir, no exhibir: la diferencia es absoluta. En *La visita al recién nacido*, Gabriël Metsu hace que el espacio doméstico se amplifique y podamos entrever una escena muy íntima, muy de familia. Algo como el nacimiento de un hijo es tan grande que sentimos la necesidad de compartirlo con los demás, pero todo tiene sus límites. Incluso en esta obra hay una cierta atmósfera religiosa que esta pintura flamenca deja impresa a la hora de tratar actividades tan de la vida cotidiana como, por ejemplo, la llegada a la

La visita al recién nacido, Gabriël Metsu, 1661.

familia de un nuevo miembro. Acaba de nacer un niño en la casa; una señora, guiada por una sirvienta, entra en la sala y se le ofrece una silla; la joven madre está alegre, aunque tiene una sonrisa contenida; y el padre de la criatura se siente orgulloso. Él es, muy probablemente, Jan Jacobsz Hinlopen y ella, Leonora Huydecoper, buenos coleccionistas de arte que habían contraído matrimonio en 1657. Jan y Leonora junto a sus hijos vuelven a ser retratados por Metsu en 1662.

En este ambiente típicamente burgués, la dureza del mármol que se dibuja en los suelos, la dulce suavidad de las telas de los vestidos, la preciosa alfombra que vemos, la belleza de la cama, la chimenea majestuosa, todo se aúna como para señalar que no hay mejor lugar en el mundo que el interior. Un interior que no solo es un espacio físico, sino vital, incluso moral. Sin embargo, también en el exterior cabe la intimidad. Miremos a *La familia Soler* que Picasso pinta en 1903.

Supongo que cambiar cuadros por trajes es solo un buen negocio cuando las dos partes hacen excelentemente bien su trabajo. De todos modos, creo que la familia del señor Soler ha salido ganando en el trueque. Pin-

La familia Soler, Picasso, 1903.

ta a la familia de su sastre en un momento en el que el malagueño decide quedarse en Barcelona todo el invierno de 1903 ya que, como le apunta en una carta que escribe a su colega Max Jacob, *quería hacer algo...* Se queda en la ciudad condal hasta enero del año siguiente. No podemos saber muy bien qué significan esas palabras de Picasso, pero lo cierto es que en este lapso de tiempo pinta algunas de las obras más hermosas de su Época Azul. Una de ellas, este retrato de familia. Soler está con su esposa, sus cuatro hijos y su perro, merendando en un prado. En el mantel aparecen, junto al vino y a la fruta, una escopeta y una liebre recién cazada. Todos los personajes fijan su mirada en el pintor, quien consigue detener el tiempo congelando las actitudes y expresiones de todos los miembros de la familia.

Libertad

La libertad es el último de los aspectos sobre los que querría llamar la atención. Es, tal vez, uno de los valores peor entendidos en nuestros tiempos. Parece que ser libre es hacer lo que a uno le da la gana; parece que ser libre es ponerse el mundo por montera. Pero no es así. Ser libre es una precondición para ser seres humanos. La libertad no es algo que se conquista tras la lucha social; la libertad no es un mero poder actuar; no es dominar; no es avasallar.

La libertad es una capacidad para obrar y también para no obrar, pero sobre todo es un don, algo que pertenece a nuestra naturaleza humana y, que si se cuestiona, si se aniquila, si se malemplea, puede tener consecuencias letales para el ser humano.

La libertad no tiene nada que ver ni con la coerción ni con el libertinaje; antes bien, está conectada con la inteligencia, con la responsabilidad, con el control de uno mismo, con la capacidad de desplegar universos infinitos en nuestro propio mundo. La familia recibe ya a sus miembros libres, y los recibe libremente. De igual modo, la sociedad los acoge ya siendo libres. Y lo único que han de hacer una y otra, familia y sociedad, es una tarea formativa, conformativa, para hacer de los individuos auténticas personas, auténticos ciudadanos.

Para hablar de este último valor, me gustaría invitar al lector a contemplar la *Sagrada Familia,* de Gaudí, más concretamente, la fachada de la Natividad. Para hacerlo voy a pedirle prestadas las palabras a una de las personas que mejor han entendido al arquitecto y a su obra. Tal vez porque, como Gaudí, es un ser humano genial, que lleva encendida la antorcha de la fe, que ha sido y es ejemplo vivo de la dignidad de la fe y de la razón. Me refiero a Benedicto XVI. El 7 de noviembre de 2010 en la homilía de dedicación de este templo expiatorio, nos aclaraba qué es lo que estaba haciendo, qué

Sagrada Familia, Gaudí.

significaba y cómo era la esencia de esta joya de la arquitectura que, en realidad, es una joya de la historia de la familia.

¿Qué hacemos al dedicar este templo? En el corazón del mundo, ante la mirada de Dios y de los hombres, en un humilde y gozoso acto de fe, levantamos una inmensa mole de materia, fruto de la naturaleza y de un inconmensurable esfuerzo de la inteligencia humana, constructora de esta obra de arte. Ella es un signo visible del Dios invisible, a cuya gloria se alzan estas torres, saetas que apuntan al absoluto de la luz y de Aquel que es la Luz, la Altura y la Belleza misma.

En este recinto, Gaudí quiso unir la inspiración que le llegaba de los tres grandes libros en los que se alimentaba como hombre, como creyente y como arquitecto: el libro de la naturaleza, el libro de la Sagrada Escritura y el libro de la Liturgia. Así unió la realidad del mundo y la historia de la salvación, tal como nos es narrada en la Biblia y actualizada en la Liturgia. Introdujo piedras, árboles y vida humana dentro del templo, para que toda la creación convergiera en la alabanza divina, pero al mismo tiempo sacó los retablos afuera, para poner ante los hombres el misterio de Dios revelado en el nacimiento, pasión, muerte y resurrección de Jesucristo. De este modo, colaboró genialmente a la edificación de la conciencia humana anclada en el mundo, abierta a Dios, iluminada y santificada por Cristo. E hizo algo que es una de las tareas más importantes hoy: superar la escisión entre conciencia humana y conciencia cristiana, entre existencia en este mundo temporal y apertura a una vida eterna, entre belleza de las cosas y Dios como Belleza. Esto lo realizó Antoni Gaudí no con palabras, sino con piedras, trazos, planos y cumbres. Y es que la belleza es la gran necesidad del hombre; es la raíz de la que brota el tronco de nuestra paz y los frutos de nuestra esperanza. La belleza es también reveladora de Dios porque, como Él, la obra bella es pura gratuidad, invita a la libertad y arranca del egoísmo.

Hemos dedicado este espacio sagrado a Dios, que se nos ha revelado y entregado en Cristo para ser definitivamente Dios con los hombres. La Palabra revelada, la humanidad de Cristo y su Iglesia son las tres expresiones máximas de su manifestación y entrega a los hombres. «Mire cada cual cómo construye. Pues nadie puede poner otro cimiento que el ya puesto, que es Jesucristo» (*1 Co* 3, 10-11), dice san Pablo en la segunda lectura. El Señor Jesús es la piedra que soporta el peso del mundo, que mantiene la cohesión de la Iglesia y que recoge en unidad final todas las conquistas de la humanidad. En Él tenemos la Palabra y la presencia de Dios, y de Él recibe la Iglesia su vida, su doctrina y su misión. La Iglesia no tiene consistencia por sí misma; está llamada a ser signo e instrumento de Cristo, en pura docilidad a su autoridad

y en total servicio a su mandato. El único Cristo funda la única Iglesia; Él es la roca sobre la que se cimienta nuestra fe. Apoyados en esa fe, busquemos juntos mostrar al mundo el rostro de Dios, que es amor y el único que puede responder al anhelo de plenitud del hombre. Esa es la gran tarea, mostrar a todos que Dios es Dios de paz y no de violencia, de libertad y no de coacción, de concordia y no de discordia. En este sentido, pienso que la dedicación de este templo de la Sagrada Familia, en una época en la que el hombre pretende edificar su vida de espaldas a Dios, como si ya no tuviera nada que decirle, resulta un hecho de gran significado. Gaudí, con su obra, nos muestra que Dios es la verdadera medida del hombre. Que el secreto de la auténtica originalidad está, como decía él, en volver al origen que es Dios.

Este templo comenzó a construirse por iniciativa de la Asociación de amigos de San José que fueron los que quisieron dedicar el templo a la familia de Nazaret. Su hogar, escuela de amor, de trabajo y de oración, nos sigue acogiendo, porque, como señaló también el Papa Benedicto

XVI en su homilía, solo donde existen el amor y la fidelidad, nace y perdura la verdadera libertad.

EN BUSCA DE UNA OBRA MAESTRA...

Nuestra reflexión sobre la familia y el arte llega a su fin con la conciencia de que toda experiencia vital es una especie de salto en el vacío, un riesgo que se asume como con la respiración entrecortada. Ahora bien, no podemos terminar sin cerrar el título que le dio origen: en familia... *En familia* es como sentirte en casa, es como haber llegado al destino, es como si el mundo se detuviera porque estás donde quieres, como quieres, con quien quieres.

Si tuviésemos que elegir una sola de las obras que hemos presentado en nuestra galería particular como «la obra maestra» de la familia, ¿cuál de todas ellas elegiríamos? Pido permiso al lector para cometer una osadía. Jamás me atrevería a obligar a quien tiene este libro entre sus manos que optara por una: ¿Moore? ¿Velázquez? ¿Picasso? ¿Rafael? ¿Murillo? ¿Goya? ¿Metsu? ¿Gaudí?... Sería como preguntar impertinentemente: ¿a quién quieres más a papá o a mamá? No. A estas alturas, una pregunta de ese tipo no tiene sentido. La obra maestra no es ninguna de ellas ni cualquier otra que pudiésemos sacar del catálogo de la historia de las artes. Todas muestran algo pero todas adolecen de algo. ¿No es verdad?

La obra maestra es la que cada uno de nosotros hemos de pintar haciendo de nuestra propia familia una obra de arte. Con luces y sombras, con claroscuros, con penas y alegrías, con disgustos y celebraciones, con sufrimiento y generosidad. No hemos de ahorrar ni una sola pincelada, tenemos que mancharnos el batón de pintar cada día, agotar los tubos de colores hasta el final, sin tacañerías... Me atrevo a sugerir que cada uno busque su obra maestra no en la historia de otros, sino en su propia historia, y que cada instante de nuestras vidas podamos ir perfilando algo inigualable e increíble: una vida feliz con los nuestros, sí con esos que son *nuestra familia*, y sin olvidar la que todos compartimos en el cielo. Recuerdo esos versos de Dante en la *Comedia:*

> «No te debe asombrar que aún te deslumbre la familia del Cielo», me repuso:
> es un ángel que invita hacia la cumbre (Purgatorio, XV, 28-30).

La familia es un don, es como un regalo del cielo que no pudimos nunca ni soñar. Cuando nos vamos haciendo mayores, nos damos cuenta de que los que ya se han ido nunca han dejado de estar con nosotros, no porque sintamos su presencia cada día —que la sentimos—, sino porque nos sostienen, nos siguen enseñando, nos siguen queriendo y cuidando. Esos que tenemos en el Cielo son quienes nos hicieron ver que hay un amor que nunca se agota. Quizá sea cierto que lo único que nos une para siempre es ese amor de quien nos vio llegar al mundo y entre sus brazos nos dio el primer beso, un beso suave, como un suspiro, como un hilo finísimo e invisible que ya nunca se rompe... Si tú has dado ese beso a alguien, sabes de qué hablo, sabes que tienes una vida que no se acaba. Una familia es eso... una vida que nunca se acaba, una vida que es tu vida, pero que es mucho más que tu vida porque es mucho más grande que tú mismo. *En familia* es vivir como Dios vive, es como vivir en Dios…